道路交通组织

主编　郁佳靓

中国人民公安大学出版社
·北　京·

图书在版编目（CIP）数据

道路交通组织/郁佳靓主编. —北京：中国人民公安大学出版社，2019.4

ISBN 978-7-5653-3587-7

Ⅰ. ①道… Ⅱ. ①郁… Ⅲ. ①公路运输—交通运输管理 Ⅳ. ①U491

中国版本图书馆CIP数据核字（2019）第059879号

道路交通组织

主编 郁佳靓

出版发行：中国人民公安大学出版社
地　　址：北京市西城区木樨地南里
邮政编码：100038
经　　销：新华书店
印　　刷：天津嘉恒印务有限公司

版　　次：2019年4月第1版
印　　次：2019年4月第1次
印　　张：8
开　　本：787毫米×1092毫米　1/16
字　　数：140千字

书　　号：ISBN 978-7-5653-3587-7
定　　价：38.00元

网　　址：www.cppsup.com.cn　www.porclub.com.cn
电子邮箱：zbs@cppsup.com　zbs@cppsu.edu.cn

营销中心电话：010-83903254
读者服务部电话（门市）：010-83903257
警官读者俱乐部电话（网购、邮购）：010-83903253
公安图书分社电话：010-83905672

道路交通组织

编　委　会

主　编：郁佳靓

副主编：王轶桦　曹仁霞　刘　洋

编　委：（以姓氏笔画为序）

王　伟　王　爽　王轶桦

王晨耀　刘　洋　许雄鑫

孙　雷　陈泳杰　陆俊鑫

郁佳靓　俞云谷　徐　岑

曹仁霞

前言

道路交通组织是维持正常交通秩序，保证道路交通安全和提高通行效率的重要手段。作为道路交通管理的一个组成部分，在“智慧公安”“大数据”的背景下其重要程度不言而喻。为了更好地阐述道路交通组织的基本理论与组织方案实施，本书在原“道路交通设施管理”的基础上，进行了全面的梳理和精心的组织，广泛吸收和借鉴了道路交通组织最新的研究成果，形成了本书的体系框架：概述、道路交通管理设施的基础知识、道路交通管理设施的维护、道路交通组织方案实施及问题探究。全书从道路交通组织的概念与日的入手，概要阐述了道路交通组织的分类与原则；系统阐述了交通管理设施的分类与相对应的国家技术标准；系统阐述了交通管理设施的日常维护的内容与工作流程；系统阐述了道路交通组织的方法与具体实施细则。在编写过程中，编者力求理论与实际相结合，既要有一定的理论高度和深度，又要有一定的可操作性。作为教材，重点突出知识的渐进性、系统性、科学性和整体性，如能对读者了解、掌握道路交通组织的基本理论与方法有一定的帮助，作者将不胜荣幸。

目录

第一章　道路交通组织概述

道路交通组织是道路交通工程发展的客观需要，其理论与实施方法是交通系统应用重要的环节之一。通过道路交通组织来提高道路的通行能力，保障交通的安全畅通，是各国交通专家公认的有效途径。本章对道路交通组织的概念、基本原则、基本措施进行概述。交通管理者通过对本章内容的学习，能了解到交通组织的作用，掌握交通组织分类及基本措施，为之后的学习打下坚实的基础。

第一节　道路交通组织的概念、目的与分类

一、道路交通组织的概念

道路交通组织，是道路交通管理部门根据国家有关法律、法规的规定，采取科学手段，综合运用交通规划、交通设施和行政管理等措施，对道路上运行的交通流实施疏导、指挥和控制等工作的总称。

道路交通组织的概念可以从以下三个方面理解：

（一）道路交通规划

道路交通规划，是指根据特定交通系统的现状与特征，用科学的方法预测交通系统交通需求的发展趋势及交通需求发展对交通系统和交通供给的要求，确定特定时期交通供给的建设任务、建设规模及交通系统的管理模式、控制方法，以达到交通系统、交通需求与交通供给之间的平衡，实现交通系统的安全、畅通、节能、环保的目的。

（二）道路交通设施管理

道路交通设施管理，主要包括对道路横断面控制、交叉路口控制、出入口控制和行人过街设施等交通基础设施的日常维护、优化等管理。

(三) 道路交通行政管理

道路交通行政管理，是指运用现行法律法规及具有法律效力的各种行政措施，如行政命令、行政审批、行政强制措施和行政处罚行为等，履行交通管理职能，对交通参与者进行合法有效的管理活动。

二、道路交通组织的目的

道路交通组织的目的，在于充分发挥现有道路网的效能，合理地协调局部利益和整体利益之间的关系，提供适宜的运行条件，解决整个道路系统中交通流分布不均衡、流量和流向不合理等问题，最大限度消除交通事故隐患，改善交通秩序，优化交通流，实现道路的有序、安全、畅通。

道路交通组织是追求道路通行效能的主要方法，一般着眼于交叉路口、干线道路以及道路网进行，也会针对大型活动、交通警卫工作采取相应的交通组织措施。

三、道路交通组织的分类

道路交通组织可以按照不同的标准进行分类：

1. 按照道路交通组织的对象可分为：客运交通组织、货运交通组织、非机动车交通组织和行人交通组织。

2. 按照道路交通组织的构成可分为：交叉路口交通组织、路段交通组织和路网交通组织。

3. 按照道路交通组织的性质和任务可分为：日常道路交通组织、大型活动交通组织和交通警卫交通组织。

四、知识导读

(一) 道路

道路，是指公路、城市道路和虽在单位管辖范围但允许社会机动车通行的地方，包括广场、公共停车场等用于公众通行的场所。

按照我国道路使用特点，道路可分为城市道路、公路、厂矿道路、林区道路和乡村道路。城市道路是指在城市范围内具有一定技术条件和设施的道路。根据道路在城市道路系统中的地位、作用、交通功能以及对沿线建筑物的服务功能，我国目前将城市道路分为四类：快速路、主干路、次干路及支路。其中，快速路在特大城市或大城市中设置，是用中央分隔带将上、下行车辆分开，供汽车专用的快速干路，主要联系市区各主要地区、市区和主要的近郊区、卫星城镇，联系主要的对外公路，负担城市主要客、货运交通，有较高车速和较大的通行能力。主干路是城市道路网的骨架，联系城市的主要工业区、住宅区、港口、机场和车站等客货运中心，承担着城市主要交通任务的交通干道。主干路沿线两侧不宜修建过多的行人和车辆入口，否则会降低车速。次干路为市区内普通的交通干路，配合主干路组成城市干道网，起联系各部分和集散作用，分担主干路的交通负荷。次干路兼有服务功能，允许两侧布置吸引人流的公共建筑，并应设停车场。支路是次干路与街坊路的连接线，为解决局部地区的交通而设置，以服务功能为主。部分主要支路可设公共交通线路或自行车专用道，支路上不宜有过境交通。

城市道路等级分快速路、主干路、次干路、支路四级，各级红线宽度控制：快速路不小于 40 ~ 70 米，主干路 30 ~ 60 米，次干路 20 ~ 40 米，支路 16 ~ 30 米。

1. 快速路，城市道路中设有中央分隔带，具有四条以上机动车道，全部或部分采用立体交叉与控制出入，供汽车以较高速度行驶的道路，又称汽车专用道。快速路的设计行车速度为 60 ~ 80km/h。

2. 主干路，连接城市各分区的干路，以交通功能为主。主干路的设计行车速度为 40 ~ 60km/h。

3. 次干路，承担主干路与各分区间的交通集散作用，兼有服务功能。次干路的设计行车速度为 40km/h。

4. 支路，次干路与街坊路（小区路）的连接线，以服务功能为主。支路的设计行车速度为 30km/h。

根据国家《城市规划定额指标暂行规定》的有关规定，道路还可划分为四级，如表 1 所示：

表 1 道路四级划分

项目级别	设计车速（km/h）	单向机动车道数（条）	机动车道宽度（m）	道路总宽（m）	分隔带设置
一级	60 ~ 80	> =4	3.75	40 ~ 70	（必须设）
二级	40 ~ 60	> =4	3.5	30 ~ 60	（应设）
三级	30 ~ 40	> =2	3.5	20 ~ 40	（可设）
四级	30	> =2	3.5	16 ~ 30	（不设）

（二）道路横断面

道路横断面，是指垂直于道路中心线方向的断面。公路横断面与城市道路横断面的组成有所不同，公路横断面的主要组成有：车行道（路面）、路肩、边沟、边坡、绿化带、分隔带、挡土墙等；城市道路横断面的组成有：车行道（路面）、人行道、路缘石、绿化带、分隔带等。如图1：

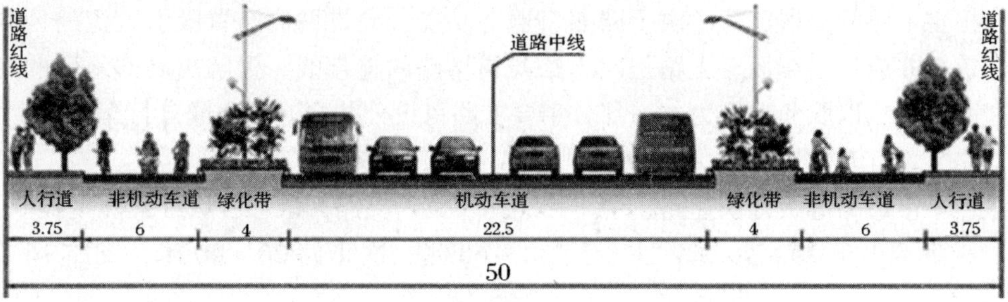

图1

（三）交通流

道路上的交通流是由道路上运行的各种交通体形成的。交通体通常包括机动车、非机动车和行人等。机动车在道路上运行形成的机动车流，非机动车在道路上骑行形成的非机动车流和行人移动时形成的人流，统称为道路上的交通流。

（四）道路网

道路网指的是在一定区域内，由各种道路组成的相互联络、交织成网状分布的道路系统。

全国各级公路组成的道路网称为国家公路网。在城市范围内由各种道路组成的道路网称为城市道路网。

第二节　道路交通组织的基本原则

为了搞好交通秩序管理，保持交通连续，保证大多数人在交通活动过程中，在时间、空间、交通方式上不形成冲突，达到交通组织的目的，必须贯彻“疏导为主，限制为辅”的指导方针，同时还应遵循五项基本原则，即交通流分离原则、交通流量均分原则、交通连续原则、交通总量控制原则、优先通行原则。

一、交通流分离原则

交通流分离，是指采用科学的交通管理手段，对不同方向、不同车种、不同特点的交通流在时间或空间上进行分离，以减少相互干扰，使道路上的各种车辆、行人各行其道，顺序行驶。通过交通分离，达到避免交通流之间发生冲突与干扰，保障交通安全，提高车辆行驶速度与道路通行能力的目的。

（一）交通流分离原则的意义

1. 合理使用现有道路，均衡交通流量。
2. 弥补城市道路布局不合理的交通状况。
3. 分离疏导交通流，提高道路通行能力。
4. 缓和道路增长速度与车辆、人口增长速度不相适应的矛盾。

（二）交通流分离的方法

1. 空间分离。空间分离是指各种不同的交通流在不同的道路平面行驶，从而消除冲突点，如立交桥、高架路、人行天桥、地下通道、自行车及公交专用道等。

2. 时间分离。时间分离是指各种不同的交通流在不同的时间使用同一道路空间，以减少相互干扰和交通负荷，如交通信号灯控制、客货运交通高峰的错时、各种带时间限制的单禁行道路等。

3. 物体分离。物体分离是指通过某种工程设施对同一平面道路上的交通进行分离，分为逾越型和不可逾越型两种。前者是指交通标志、交通标线等路面交通设施；后者则是指一些人为设置的障碍物，它使车辆和行人不能通过或难以通过，如分离带、隔离墩护栏、铁路道口的护栏甚至立体交叉等。

4. 法规分离。法规分离是指通过道路交通法规对相互干扰、冲突的交通流进行分离，如“转弯让直行”“在没有划分车道的道路上，机动车在中间行驶，非机动车靠右行驶，行人须靠路边行走”等。

例如，狭窄的“一块板”道路上的混合交通，机动车与非机动车都在同一道路平面内通行，这时可通过交通法规来实现分离。又如，在无任何交通管制的平面交叉路口，为了防止交通事故的发生，机动车通过时就必须按交通法规中的有关规定，实施交通流分离。这些分离措施均是在道路上没有设置任何物体的情况下而进行的分离，即通过所谓的无形分离来实现。

（三）交通流分离方法的具体应用

1. 对不同类型的交通流实行分离。例如，在城市道路上设置人行道、过街天桥、地下通道、斑马线等，使行人、机动车、非机动车分离；在城市主干道上采用标线，设置水泥墩、隔离带、绿化带等，设置专门的非机动车行驶线路，使机动车与非机动车分离；在平面交叉路口可用信号灯配时方法，将机动车与非机动车在时间上错开。而对不同性质的机动车，在路段上可设置快慢车道，在交叉路口可设置信号灯、环岛等不同方法使之分离。

2. 对不同方向的交通流实行分离。对不同方向的机动车，可根据不同的道路情况采用物体分离或法规分离的方法进行分离。在路段上，对具有四条车道以上宽度的主干道可设置中央隔离带；对宽度不够且无法设置中央隔离带的城市干道或次干道，可采用中央护栏分离。而在一般的城市道路上，可根据具体情况及管理要求巧设双黄线或单黄线进行分离；在交叉路口，根据交通流量，用画线的方法设置左行、右行、直行专用车道，使不同转向的车辆分离。

3. 对不同速度的交通流实行分离。不同车速的车辆在道路上行驶时有不同的特点。要想充分发挥各种类型车辆的最大效益，避免相互干扰，防止因车辆混行造成过多的超车，使道路秩序混乱，影响道路交通安全，就需对不同性能的车辆分别加以管制。原则上，在同一车道上的车辆应该具有相同的速度，不同车速的车辆应该进行交通流分离。这种交通流分离大致有以下几种：设置快速车道和慢速车道；增设缓行车道；采用路面交通标志等。

4. 对动态交通和静态交通实行分离。应严格限制在道路交通繁忙、道路狭窄的地段停放各种车辆、堆放各种物品，以保障道路的有序、安全和畅通。应根据道路使用的具体情况，合理地对动态交通和静态交通进行分离。

二、交通流量均分原则

交通流量均分，是指充分利用现有的道路条件，控制和调节交通流量，使整个路网的流量从时间或空间上均衡分布的一种交通组织方法。

实施交通流量均分必须掌握道路交通流的特点，通过观察和分析后进行。我国城市道路交通流分布具有如下规律：

1. 时间性。我国城市道路上的交通流有明显的时间性，不同的路段、不同的时间可形成不同的交通流高峰。通常存在一年内的月高峰、一周内的日高峰、一日内的小时高峰等情况。一般每日交通流的高峰，机动车出现在7:00至9:00、16:30至18:30；非机动车出现在7:30至8:30、17:00至18:30。但在工作日与节假日，交通流的高峰时间存在不同。节假日的高峰流量比工作日的高峰流量要少、时间要晚。一周当中交通流的分布也存在工作日的交通流量多于节假日交通流量现象。一年内交通流在每个月的分布也是不一样的，尤其在公路上比较明显。例如，春运期间交通流量就比较大。

2. 方向性。例如，进城和出城的方向性、上班和下班的方向性、入场和出场的方向性等。

3. 区域性。通常，市区道路比郊区道路交通流量大，主干道比一般干道交通流量大，交叉路口比路段流量集中。又如，在临近货运车站、码头、仓库的道路上，货运车辆多；在市中心区、商业区的道路上，客运车辆和行人多。这些都是交通流具有明显区域性的表现。

4. 不均匀性。由上可见，各种交通形态的流量在时间和空间分布上是不均匀的。交通流量的这种分布特性是造成道路交通拥堵，影响道路安全和畅通，影响道路潜力充分发挥的一大因素。同时，这些特性也是我们实施交通流量均分的重要依据。

交通流呈现的时间性、方向性和区域性，在不同的城市和地区表现也不同，因而造成交通拥堵的原因也是复杂的。例如，有的是因拥堵点的范围扩散造成的，有的是因区域流量过大造成的，还有的是因路网分布组织不合理造成的，等等。这些都可以通过交通流量均分的方法，对交通流进行控制与调节，使道路交通流在时间上得到合理的分布，消除或缓解道路交通拥挤和阻塞现象。

道路交通流量均分的方法，主要有时间性交通流量均分和空间性交通流量均分两种。

1. 时间性交通流量均分。时间性交通流量均分，是指将出入一定区域的交通流量在时间上进行合理调配，调节该地区道路上不同时段的交通流量，均衡不同时段的交通负荷。例如，把一天 24 小时或一周 7 天内的几个交通高峰时段的交通流量降低一点，把低峰时段的交通流量提高一点，在时间上起到削峰填谷的作用。时间性交通流量均分的主要方法有以下几种：

（1）错时上下班制。错时上下班制，是指在一个城市或一个地区，不同的单位或不同的地区，规定不同的上下班时间，使交通高峰时间错开的工作制度，又称错峰上班制。它是在时间上实行削峰填谷的有效手段。

（2）弹性工作制。弹性工作制，是指只规定每天的工作总时间或工作总量，不统一规定上下班时间的工作制度，也叫弹性工作时间制度。实行弹性工作制可以避开交通高峰，避免发生交通阻塞。

（3）轮流休息制。轮流休息制，是指在一周内按地区或系统将公休日相互错开，轮流休息的制度。实行这种方法调整交通流量，可使每一周内的交通量得到均衡分布。

(4) 夜间货运、限制通行等。夜间货运、限制通行，是指根据路网通行能力和城区的不同功能，对某些类型的车辆在规定的时间、路段或区域内禁止通行的一种分离方法。

2. 空间性交通流量均分。空间性交通流量均分，是指合理调整道路交通流量，使现有路网内各路段的流量相对均衡分布。它是在一定范围内，把某些道路上过分集中的交通流分散到其他交通流量较小的道路上，从某种意义上讲，它是交通压力转移的过程，即把堵塞从严重拥堵的路口或路段“搬”到相对畅通的路口或路段。空间性交通流量均分常用的方法有以下几种：

(1) 利用环路、干路吸引交通流量。环路是环城道路或城市中心区以外的道路。在一些大城市和一些特大城市，旧城区的街道狭窄，人流集中，交通拥挤。为了解决交通流量的不均匀分布，在旧城中心引出放射形干道，并在外围建设环城干道，在这些放射形干道和环道上可以吸引一些车辆，形成区域性或全市性的环形交通，这样可以疏导大量的过境交通流，减少城市中心区的交通压力，合理分布交通流量。例如，上海原来的道路呈方格网式，道路狭窄，各种不同类型的交通流混合进入，使城市中心交通拥堵严重。随着城市的发展，它们在原来道路网的基础上形成了放射环式的道路网，通过合理的交通分流，利用环路吸引交通流，有效地缓解了城市中心的交通拥堵。

(2) 利用旁路吸引交通流量。一般中小城市都是以一两条主要道路为依托，形成城市的中心区。在这里，商业、文化、集市贸易等活动都很集中，当大量过境交通流通过市中心时，势必造成交通拥挤、阻塞，并造成较大的交通污染。尤其是小城市，这种状况更为明显。为了改变这种状况，可利用旁路吸引部分交通流，进行交通疏导和控制，避免过境交通穿过城市中心区，减少市内交通拥堵和交通污染。

(3) 设置可变车道调整交通流量。在城市道路上，对于时间性、方向性很强的交通流，可以设置可变车道调整交通流量，解决交通流量分布不均衡而引起的交通拥挤问题。

(4) 禁止车辆转向。禁止车辆转向，是指在交叉路口禁止车辆转弯，包括禁止左转弯和禁止右转弯。

(5) 利用诱导系统诱导交通流。是指在主要路口设置表示前方路口或路段有无交通阻滞的道路交通信息诱导屏，供车辆驾驶人员选择适当的路线，以达到交通流量均分的目的。

（6）远引交叉。远引交叉，是指路口内由于左转弯车流和对向直行车流之间存在冲突点，通过左转弯车先直行或右转后再掉头，完成路口左转弯，进而把路口内的交叉冲突引到路段上来解决的方式。它可以有效地减少路口内的冲突点，有利于路口、路段的负荷均分，大大提高路口的通行能力。

三、交通连续原则

交通连续，是指在交通流组织、管理中要保证各种交通流尽可能迅速、安全、不间断地运行，以达到最短的时间延误、最少的经济消耗、最大的经济效益目的的一种交通组织方法。这里的连续，是指交通活动中的合理联系，并非指交通的不间断。交通连续分为交通工具、交通组织、交通设施和交通运营的连续性。

1. 交通工具的连续性。交通工具的连续性，是指交通工具在交通全过程中起的作用。就交通连续而言，交通工具可分为两大类：一类是飞机、轮船、火车和公共汽车类，它们在交通的全过程中不起连续作用。一般来说，利用上述一种交通工具不能完成一次有目的的出行，而必须辅以其他交通工具或交通方式来完成交通的全过程，即属不连续的交通工具。另一类像自行车、摩托车、小汽车等门到门的交通工具，为连续性交通工具。可以通过交通组织、交通设施和交通运营来改善不连续交通工具之间的合理衔接，从而促进交通的全过程接近连续。例如，目前我国大多数城市选择了公共交通作为主要的交通工具，这是符合我国国情的。但是，公共交通作为交通工具，其时间效率并不高，舒适度也差，并且经常要换乘，非常不便。那么，在交通组织的过程中，我们就可运用交通连续这一原则来尽量克服这一不足。公交出行的时间由步行时间、等车时间、行驶时间、换乘时间、走到目的地时间五个部分组成，其中换乘主要涉及两个环节：一是从家到公交车站，一般是步行换乘和骑自行车的停车换乘，今后还可能出现私人汽车换乘。因此，在公交站点的设置上，可经过仔细调查，使公交站点尽量布置在居民小区及大型商场等人流较集中的地方，方便居民乘车。二是公交线路之间的换乘。可将公交车站集中设置，这样可方便群众较容易实现就地换乘，节省换乘的时间。同时，还可通过发车时间调度、设置公交专用车道等措施来缩短等车时间和车辆运行时间，使公共交通的运行尽量连续、快捷。

2. 交通组织的连续性。交通组织的连续性，是指利用现有的交通网络进行合理的交通组织，使交通组织方案符合交通连续原则，保证大多数人在交通活动中，在时间、空间、交通方式上不产生间断。例如，在交通渠化方面，路段上的行车道要对应路口直行导向车道，以保证直行车流不变换方向；路口进口导向车道要对应出口直行导向车道，以保证车流通过路口连续；信号灯实现绿波带，以保证车流通过整条道路时间上连续；公交站与地铁站建在一起，以保证换乘连续等。交通组织的连续性可以减少行人流量，车辆行驶可以有序，这是搞好秩序管理的基本保证。

3. 交通设施的连续性。交通设施的连续性，是指交通设施的设置要使驾驶人及其他交通参与者在其观念上有时空连续性，要符合交通连续的原则。交通设施的设置必须保证交通全过程的连续性。一般来说，交通设施是交通全过程中的连续点和转换点，是交通全过程中的一个重要组成部分。例如，公共交通站点的设置，应以减少乘车人的步行距离与换乘时间为原则；停车场的设置要考虑到附近交通源的距离不要超过无阻抗步行距离；交通标志的设置距离或密度，应考虑驾驶人员记忆的连续性等。一般驾驶人对城市的交通标志设置有一个从不熟悉到熟悉的转变过程，形成相对一定的观念。若交通标志的设置地点突然变化，则驾驶人对交通标志所具有时空上的连续性观念就会中断，将造成驾驶人心理紧张，发生辨认错误。所以，设置交通标志及交通设施时，应充分考虑驾驶人及其他交通参与者的心理和生理特点。例如，在实行单向交通时，必须为禁行方向的交通流找到一条可通行的道路，并在进入禁行路段前用标志、标线等事先告知交通参与者。

4. 交通运营的连续性。交通运营的连续性，是指在交通过程中，使交通营运的各项计划和安排符合交通连续的原则。为了保证交通全过程的连续性，在交通运营上必须采用交通连续原理。例如，采用通用的公交一卡通制度，持有公交一卡通的乘客可以换乘全市公共汽车、电车、地铁、轮渡等交通工具，使各种交通工具的交通营运时刻的安排相互衔接。国外一些城市的各种交通运营团体，对公共汽车、有轨电车、火车及通勤火车的运营组织，采用统一的经营机构、统一的车票和统一的运行时刻表，以保证交通的连续性，这些都体现了交通运营的连续性。

四、交通总量控制原则

交通总量控制，就是在现有的道路条件和保证交通参与者合法交通权的前提下，采取各种措施，最大限度地减少交通参与者的数量，或缩短交通参与者在道路上运行的时间，减少交通参与者的占路面积。

实现交通总量控制的手段可以是社会工程的、法规的、交通管理的和经济的四种，主要包括以下方法和内容：

1. 交通源点控制。交通源点控制是对交通源点的数量和分布进行宏观控制，其目的是控制交通量的生成。主要有以下具体方法：

（1）区域布局合理化，就近出行。区域布局合理化主要反映在交通方便、出行时间短、满足生产与生活的配套需要同时又不产生过多的交通量、往返和迂回运输较少等方面。

（2）客流、物流系统结构调整。可以采取就近修建住宅、掉换住房、掉换工作单位等方法调整客流出行的距离和数量，以方便人们的出行活动，控制交通量的增长。要改革物资流通体制，理顺供需关系，尽量减少物资流通的中间环节，还要协调流通环节，包括对装卸、运输、保管、加工、销售等环节进行合理调节和组织，尽量缩短流通过程。

（3）信息交流取代出行。例如，电话将面对面的业务联系变成通信联系，购物可以通过电视、电话、计算机网络来实现。

2. 优化交通结构。

（1）优化客运交通结构。根据我国国情，城市客运交通运输适宜建立以节省运力为中心的节约型综合体系，因此对摩托车、私人小汽车等交通方式应采用经济、法规等措施限制其发展，选择公交车和自行车为客运交通的主要方式。但要改变目前公交车与自行车比例严重失调的现象，需要大力发展公共交通。从交通管理方面着手，可采取以下措施优先发展公共交通：设置公共汽车专用线或专用道、设置公交车优先信号、在单行路上允许公共汽车双向通行、设置公共汽车优先通行的标志等。通过提高公交服务水平，增大采用公交车出行的比例，形成以自行车、公共交通及步行为主导地位的有序、合理的城市客运交通结构。

（2）优化货运交通结构。货物运输系统按社会化程度分为专业性和非专业性两种。非专业性货物运输一般服务于部门、企事业单位本身，管理分散，运输效率低；专业性货物运输可避免非专业货物运输的各种弊端，还可采用集装箱运输和组织联运。因此，应大力发展专业性货物运输事业，压缩单位自备车辆，提高运输效率，减少交通流量。

3. 控制车辆交通范围。控制车辆交通范围可采用行政性限制措施，从时间上、地域上、方向上、车种上规定车辆行驶和停放限制范围，采用经济性措施对交通拥挤的路段、交通设施或高等级道路的使用收取相应的费用，避免车辆和个人出行过于集中，从而减少交通流量。

交通总量控制的主要目的，就是从交通需求上对交通总量加以控制，以达到交通供求平衡。同时，达到安全、畅通、环保、低能耗的目的。

五、优先通行原则

优先通行，是指在道路上或在某条车道上，对某一种或某一类交通给予特殊待遇，使它在该道路或车道比其他交通在时间上或次序上有优先权利。包括车种优先和流向优先，如执行任务的特种车辆（公安、消防、急救、工程救险等）优先；公共交通专用车道、直行车流优先；主路（或环岛内）车辆优先等。

第三节　道路交通组织的基本措施

道路交通组织的措施很多，只要能够实现交通流的控制和调节，解决道路交通系统交通流的分布、流量和流向问题的方法和手段，都可作为道路交通组织的措施。本节选取的都是基本措施，即组织规划措施、交通工程措施、交通行政措施。

1. 组织规划措施。组织规划措施，是指在道路交通组织中，对道路系统的规划、车道的规划、路口的规划、交通流的分布规划、流向的规划等。它在道路交通组织中起着重要的作用。其核心是针对特定区域内交通流的特性及其变化趋势，采用交通基础设施的协调布置、路幅综合布置、路段及交叉路口几何参数的调整等方法，充分利用现有道路空间，组织最优化的交通流，充分发挥整个路网的潜力。例如，“畅通工程”中的交通规划和交通管理规划，就属于规划措施。

2. 交通工程措施。合理设计和运用交通工程措施是道路交通组织的重要手段。交通设施包括交通安全设施、交通管理设施和交通功能设施。交通安全设施是为了防止交通事故，在道路上设置的交通设施，包括隔离设施、照明设施、过街设施等；交通管理设施是以限制、警告和诱导交通为目的而设置的交通设施，包括交通标志、交通标线、交通信号灯等；交通功能设施是为了有效地发挥车辆的运输效率和道路的功能，保障交通安全所设置的交通设施，包括汽车站、停车场等。交通设施的设置具体体现出现代交通管理的意图，它通过静态的形式，传递有关道路的信息，约束交通参与者的行为，从而达到对道路交通实施调节和控制的目的。

3. 交通行政措施。利用行政措施进行交通组织的最常用方式是交通管制。交通管制，是指交通管理部门根据交通管理法规，对车辆和行人在道路上的通行以及其他与交通有关的活动，所制定的带有禁止、限制或指示性质的具体规定。

这三种措施虽然从各自的角度进行交通组织，但在具体实施中往往又是相互结合、相互补充的。例如，在进行交叉路口通行管制时，可能涉及交叉路口的入口车道重新设置、交通路口渠化、信号灯设置、交通标志和标线设置等，需要将组织规划措施、交通设施措施和行政措施有机地结合在一起，才能达到交通组织的目的。

第二章　道路交通管理设施的基础知识

根据交通管理和交通控制本身的含义，将道路交通设施分为道路交通管理设施和道路交通安全设施两大类，它们共同承担着维护交通秩序、保证道路畅通安全、减少减轻交通事故发生及所带来的损害后果等功能。城市道路交通设施是随着道路交通的不断发展而产生的，是现代城市文明发展的必然结果。道路交通设施以其本身的功能在现代道路交通运输中发挥着独特的作用，各种设施的作用既相对独立又相互依联，共同构成道路交通安全网络体系，是道路交通体系中不可缺少的重要部分。其目的在于服务，为道路交通参与者提供各种警告、禁令、指示、指路信息、渠化隔离和视线诱导。各种交通设施在规划时应注意相互之间的配合、协调，并按照相应规范选择合适位置进行设置，确定其合理规模及施工工艺。只有科学规范、醒目清晰的道路交通设施，才能达到预期的效果，有利于道路参与者的识别，从而减少交通事故，确保城市道路交通有序、安全、畅通。

本章主要讲述的是道路交通管理设施，主要包括：道路交通信号灯、道路交通标志、道路交通标线和道路交通诱导设施等四种。通过学习本章内容，使交通管理者能够明白，交通管理设施是引导道路使用者有秩序地使用道路，以促进道路交通安全，提高道路运行效率。用于告知道路使用者道路通行权利，明示道路交通禁止、限制、遵行状况，告示道路状况和交通状况等信息。

第一节　道路交通信号灯

道路交通信号灯是交通信号中的重要组成部分，是道路交通的基本语言。据世界各国交通管理的经验表明，道路交通管理最有效的方法之一就是交通信号灯控制。为了加强道路交通管理，减少交通事故的发生，提高道路使用效率，一般在道路空间上无法实现分离原则的地方，主要设置于十字、丁字等交叉路口，用来在时间上给交通流分配行驶权利，通过轮流显示不同的灯色来指导车辆和行人安全有序地通行或停止。

一、道路交通信号灯的分类

根据《中华人民共和国道路交通安全法实施条例》第二十九条之规定，交通信号灯分为：机动车信号灯、非机动车信号灯、人行横道信号灯、车道信号灯、方向指示信号灯、闪光警告信号灯、道路与铁路平面交叉道口信号灯。

而根据中华人民共和国国家技术标准《道路交通信号灯》（GB 14887－2011）中4.1之规定，交通信号灯按功能分类，可分机动车信号灯、非机动车信号灯、左转非机动车信号灯、人行横道信号灯、车道信号灯、方向指示信号灯、闪光警告信号灯、道口信号灯、掉头信号灯。其中，机动车信号灯、闪光警告信号灯、道口信号灯的光信号无图案，非机动车信号灯、左转非机动车信号灯、人行横道信号灯、车道信号灯、方向指示信号灯、掉头信号灯的光信号为各种图案。

（一）机动车信号灯

由红色、黄色、绿色三个几何位置分立的无图案圆形单元组成的一组信号灯，指导机动车通行。如图2：

图2

1. 绿灯亮时，准许车辆通行，但转弯的车辆不得妨碍被放行的直行车辆、行人通行。

2. 黄灯亮时，已越过停止线的车辆可以继续通行。

3. 红灯亮时，除了右转弯的车辆在不妨碍被放行的车辆、行人通行的情况下可以通行，其他车辆禁止通行。

在未设置非机动车信号灯和人行横道信号灯的路口，非机动车和行人应当按照机动车信号灯的指示通行。

（二）非机动车信号灯

由红色、黄色、绿色三个几何位置分立的内有自行车图案的圆形单元组成的一组信号灯，指导非机动车通行。如图3：

图3

（三）左转非机动车信号灯

由红色、黄色、绿色三个几何位置分立的内有自行车和向左箭头图案的圆形单元组成的一组信号灯，指导左转非机动车通行。如图4：

图4

（四）人行横道信号灯

由几何位置分立的内有红色行人站立图案的单元和内有绿色行人行走图案的单元组成的一组信号灯，指导行人通行。如图5：

图5

1. 绿灯亮时，准许行人通过人行横道。

2. 红灯亮时，禁止行人进入人行横道，但是已经进入人行横道的，可以继续通过或者在道路中心线处停留等候。

（五）车道信号灯

由一个红色交叉形图案单元和一个绿色向下箭头图案单元组成的信号灯。如图6：

图6

1. 绿色箭头灯亮时，准许本车道车辆按指示方向通行。

2. 红色叉形灯亮时，禁止本车道车辆通行。

（六）方向指示信号灯

由红色、黄色、绿色三个几何位置分立的内有同向箭头图案的圆形单元组成的一组信号灯，用于指导某一方向上机动车通行。箭头方向向左、向上和向右分别代表左转、直行和右转。如图7：

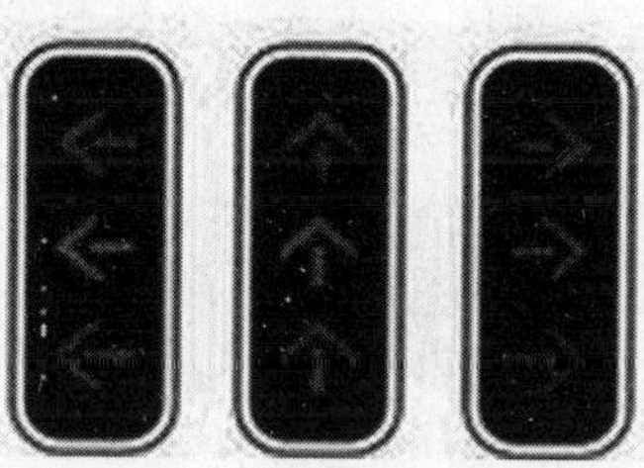

图7

1. 绿色箭头灯亮时，表示车辆允许沿箭头所指的方向通行。

2. 红色或黄色箭头灯亮时，表示仅对箭头所指方向起红灯或黄灯的作用。

（七）掉头信号灯

由红色、黄色、绿色三个几何位置分立的内有“Ω”形图案的圆形单元组成的一组信号灯，用于指示机动车掉头。如图8：

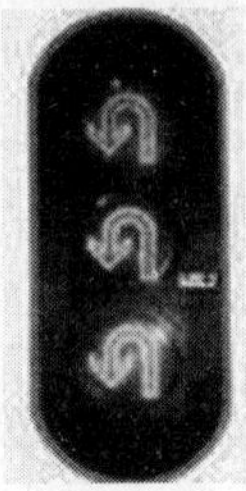

图 8

（八）闪光警告信号灯

闪光警告信号灯为持续闪烁的黄灯，提示车辆、行人通行时注意瞭望，确认安全后通过。如图 9：

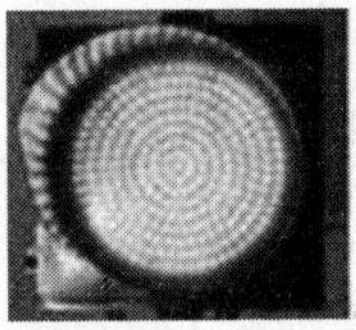

图 9

（九）道口信号灯

由两个红灯组成，红灯交替闪烁或者一个红灯亮时，表示禁止车辆、行人通行；红灯熄灭时，表示允许车辆、行人通行。如图 10：

图 10

二、道路交通信号灯设置依据与方法

我国于 1994 年颁布实施了国家标准《道路交通信号灯设置与安装规范》（GB14886－1994），2006 年进行了修订（GB14886－2006）。该规范对道路交叉路口交通信号灯的设置依据与设置方法作出了规定。

本章主要阐述的是路口交通信号灯的设置。

（一）道路交通信号灯的设置依据

1. 路口设置信号灯总则。

（1）十字形路口、斜交路口、T 形路口、Y 形路口。

①当相交的两条道路均为干路时，应设置信号灯。

②当相交的两条道路中有一条为支路时，应根据交通流量和交通事故状况等条件，确定是否设置信号灯。

③在设置信号灯时，应配套设置相应的道路交通标志、道路交通标线和交通技术监控设备。

（2）错位 Y 形路口、多路路口。应进行合理交通渠化后，根据交通流量和交通事故状况等条件确定信号灯的设置。

（3）环形路口。应根据环形路口通行能力、交通流量和交通事故状况等条件确定信号灯的设置。

2. 用于路口指导机动车通行的信号灯设置的交通流量条件。

（1）机动车高峰小时流量条件。路口机动车高峰小时流量超过表 2 所列数值时，应设置信号灯。

表 2　路口机动车高峰小时流量

主要道路单向车道数（条）	次要道路单向车道数（条）	主要道路双向高峰小时流量（PCU/h）	流量较大次要道路单向高峰小时流量（PCU/h）
1	1	750	300
		900	230
		1200	140
1	≥2	750	400
		900	340
		1200	220
≥2	1	900	340
		1050	280
		1400	160
≥2	≥2	900	420
		1050	350
		1400	200

备注：

1. 主要道路指两条相交道路中流量较大的道路。
2. 次要道路指两条相交道路中流量较小的道路。
3. 车道数以路口 50 米以上的渠化段或路段数计。

4. 在无专用非机动车道的进口，应将该进口进入路口非机动车流量折算成当量小汽车流量并统一考虑。

5. 在统计次要道路单向流量时应取每一个流量统计时间段内两个进口的较大值累计。

（2）任意连续 8h 的机动车小时流量条件。即路口任意连续 8h 的机动车平均小时流量超过表 3 所列数值时，应设置信号灯。

表 3　路口任意连续 8h 机动车小时流量

主要道路单向车道数（条）	次要道路单向车道数（条）	主要道路双向任意连续 8h 平均小时流量（PCU/h）	流量较大次要道路单向任意连续 8h 平均小时流量（PCU/h）
1	1	750	75
		500	150
1	≥2	750	100
		500	200
≥2	1	900	75
		600	150
≥2	≥2	900	100
		600	200

3. 路口非机动车信号灯设置。

（1）对于机动车单行线上的交叉路口，在与机动车交通流相对的进口应设置非机动车信号灯。

（2）非机动车驾驶人在路口距停车线 25m 范围内不能清晰视认用于指导机动车通行的信号灯的显示状态时，应设置非机动车信号灯。

（3）其他特殊情况下，如通过交通组织仍不能解决机动车与非机动车冲突，宜设置非机动车信号灯。

4. 路口人行横道信号灯设置。

在采用信号控制的路口，已施划人行横道标线的，应设置人行横道信号灯。

5. 路口方向指示信号灯设置原则。

（1）在有专用转弯机动车道的路口，若采用多相位的相位设置方式，应设置方向指示信号灯。

（2）在全天 24 小时均不采用多相位的相位设置方式的路口，不应设置方向指示信号灯。

6. 车道信号灯设置。

（1）在可变车道入口和路段、隧道、收费站等地，应设置车道信号灯。

（2）在城市快速路进出口等地视实际情况可设置车道信号灯。

7. 闪光警告信号灯设置。

在需要提示驾驶人和行人注意观察、确认安全后通过处，宜设置闪光警告信号灯。

8. 路口信号灯设置的交通事故条件。

（1）对3年内平均每年发生5次以上交通事故的路口，从事故原因分析通过设置信号灯可避免发生事故的，应设置信号灯。

（2）对3年内平均每年发生1次以上死亡交通事故的路口，应设置信号灯。

9. 路口信号灯设置的综合条件。

（1）当表1、表2和交通事故条件中有两个或两个以上条件达到80%时，路口应设置信号灯。

（2）在不具备上述条件但有特别要求的路口，如常用警卫工作路线上的路口、交通信号控制系统协调控制范围内的路口等，可设置信号灯。

（二）道路交通信号灯的设置方法

1. 各式信号灯的次序安排。对各种信号灯的装置次序也有统一的规定，便于驾驶人分辨。次序安排的原则是重要的灯色放在重要的位置。信号灯的次序安排分竖式和横式两种。

（1）竖式。

①普通信号灯的次序：自上而下，一般为红、黄、绿灯。如图11：

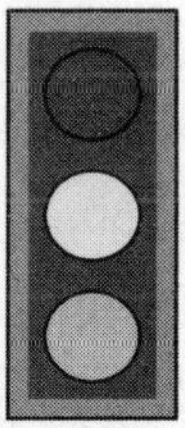

图11

②有方向指示箭头的次序：一般在普通信号灯的内侧加装方向指示信号灯。如图12：

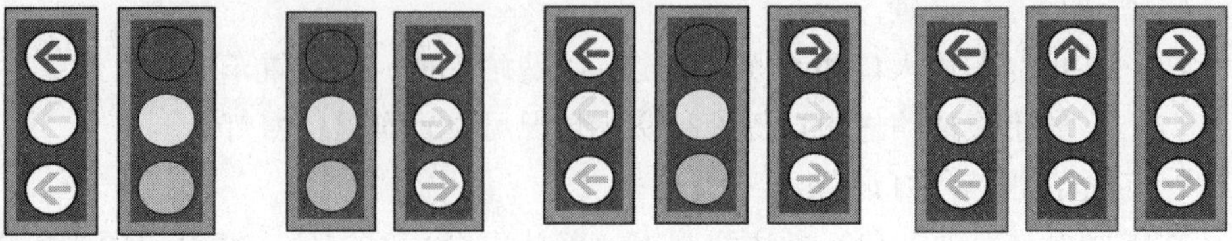

图 12

(2) 横式。

①普通信号灯的次序：自左向右，一般为红、黄、绿灯。如图 13：

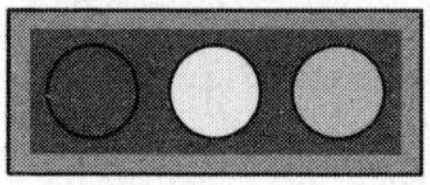

图 13

②有方向指示箭头的次序：一般为方向指示信号灯。如图 14：

图 14

2. 交通信号灯的安装。交通信号灯的安装设置应该遵循两个基本原则。

(1) 醒目原则。即交通信号灯不仅仅是可以看见，还应该是很明显的，而且是很吸引人的注意力的。

(2) 清晰原则。即交通信号灯所显示的内容应该是清晰可辨的，让交通参与者能看得清楚所显示的指令是什么。

根据上述两个原则，对信号灯的亮度和高度有明确的规定：

亮度：一般使驾驶人在距信号灯 150m 以外能辨清信号光色为宜。

高度：机动车信号灯一般距地面保持在 4.5 至 5m 为宜；非机动车和人行横道信号灯一般距地面大于 2.5m 为宜。

三、道路交通信号灯的基本参数

适用于交叉路口的交通信号灯均有以下基本参数：

1. 信号相位。信号相位简称相位，它是信号轮流给某些方向的车或人以通行权的次序。例如，十字路口常用的两相位信号，即东西方向绿灯先亮称为东西相位或第一相位；南北绿灯后亮称为南北相位或第二相位。相位用向量表示，其方向与车辆行驶方向一致。相位超过两个的信号通称为多相位信号。

2. 信号周期。信号周期，是指信号灯色按设定的相位顺序显示一周所需的时间，即一个循环内各控制步伐的步长之和，用 C 表示。信号周期是决定交通信号控制效果优劣的关键控制参数。倘若信号周期取得太短，则难以保证各个方向的车辆顺利通过路口，导致车辆在路口频繁停车，路口的利用率下降；倘若信号周期取得太长，则会导致司机等待时间过长，大大增加车辆的延误时间。一般而言，对于交通量较小、相位数较少的小型路口，信号周期取值在 70 秒左右；对于交通量较大、相位数较多的大型路口，信号周期取值则在 180 秒左右。

3. 绿信比。绿信比，是指一个信号周期内某信号相位的有效绿灯时间与信号周期的比值，用 λ 表示。

$$\lambda = \frac{t_{EG}}{C}$$

式中，t_{EG}表示有效绿灯时间。

绿信比是进行信号配时设计最关键的时间参数，它对于疏散交通流、减少车辆在交叉路口的等待时间与停车次数都起着举足轻重的作用。某一信号相位的绿信比越大，则越有利于该信号相位车辆的通行，但却不利于其他信号相位车辆的通行，这是因为所有信号相位的绿信比之和必须小于 1。

4. 最短绿灯显示时间。最短绿灯显示时间，是指对各信号相位规定的最低绿灯时间限值，用 Gm 表示。规定最短绿灯显示时间主要是为了保证车辆行车安全。如果绿灯信号持续时间过短，停车线后面已经启动并止在加速的车辆会来不及刹车或者驾驶员不得不在缺乏思想准备的情况下来个急刹车，这都是相当危险的，很容易酿成交通事故。

在感应信号控制交叉路口，需要根据历史交通量数据确定一个周期内可能到达的排队车辆数，从而决定最短绿灯显示时间的长短；在感应式信号控制交叉路口，则需要根据停车线与车辆检测器之间可以容纳的车辆数确定最短绿灯显示时间的长短。

5. 有效绿灯时间。有效绿灯时间，是指将一个信号周期内该信号相位能够利用的通行时间，等于实际绿灯时间与黄灯时间的和，再去掉启动损失时间。

6. 绿灯间隔时间。绿灯间隔时间，是指一个相位绿灯结束到下一相位绿灯开始的这中间一段时间间隔，用 I 表示。设置绿灯间隔时间主要是为了确保已通过停车线驶入路口的车辆，均能在下一相位的首车到达冲突点之前安全通过冲突点，驶出交叉路口。绿灯间隔时间，即相位过渡时间，通常表现为黄灯时间或黄灯时间加上全红时间。全红时间，是指路口所有方向均显示红色信号灯，全红时间是为了保证相位切换时不同方向行驶车辆不发生冲突、清除交叉路口内剩余车辆所用时间。

为了避免前一相位最后驶入路口的车辆与后一相位最先驶入路口的车辆在路口发生冲突，要求它们驶入路口的时刻之间必须存在一个末首车辆实际时间间隔，这个时间间隔由基本间隔时间和附加路口腾空时间两部分构成。其中，基本间隔时间是由车辆的差异性和运动特性决定的时间量，其大小一般取值为2~3秒；附加路口腾空时间则是由路口特性决定的时间量，其大小大体上可以根据两股冲突车流分别从各自停车线到达同一冲突点所需行驶时间差来确定。在定时控制中，绿灯间隔时间可取为末首车辆实际时间间隔；而在感应控制中，如果在停车线前埋设了检测线圈，则该线圈可以测量到前一相位最后车辆离开停车线与前一相位绿灯结束之间的时间差，从而可以得到绿灯间隔的可压缩时间，因此此时的绿灯间隔时间可取为末首车辆实际时间间隔与绿灯间隔可压缩时间之差，从而提高路口的通行能力。

7. 车道交通流量比和饱和度。车道交通流量比，是指道路的实际流量与饱和流量之比，用 y 表示。

$$y=\frac{q}{S}$$

可以看出，车道交通流量比是一个几乎不随信号配时影响的交通参量，它在一定程度上反映了道路的拥挤状况，是进行信号配时设计的一个重要依据。

道路的饱和度，是指道路的实际流量与通行能力之比，用 x 表示。

$$x=\frac{q}{Q}=\frac{q}{S}\cdot\frac{C}{t_{EG}}=\frac{y}{\lambda}$$

从上式可以看出：

（1）当道路具有足够的通行能力即 $Q>q$ 时，其饱和度 $x<1$；当道路不具有足够的通行能力即 $Q\leq q$ 时，其饱和度 $x\geq 1$。兼顾到路口通行效率与绿灯时间利用率，通常在交叉路口的实际设计工作中为各条道路设置相应的可以接受的最大饱和度限值，又称为饱和度实用限值，用 x_p 表示。饱和度实用限值一般设置在0.9左右。实践表明，当饱和度保持在0.8~0.9之间时，交叉路口可以获得较好的运行条件；当交叉路口的饱和度接近1时，交叉路口的实际通行条件将迅速恶化。

（2）加大交叉路口某信号相位的绿信比也就是降低该信号相位所对应的放行车道的饱和度。当然，某一信号相位绿信比的增加势必造成其他信号相位绿信比的下降，从而将会导致其他信号相位所对应的放行车道的饱和度相应上升。因此，研究整个交叉路口的总饱和度很关键。

四、交通信号灯设置的利弊

合理设计信号控制的道路，通行能力比没有设置的大。但如果交通量没有达到需要设置交通信号灯时，设置交通信号灯的结果可能适得其反。

（一）能耗与运行费用浪费

在没有达到设置交通信号灯的路口，为了少量次要道路的车辆放行绿灯，势必给主要道路上的车辆增加许多红灯时间，从而使主要道路上的车辆产生大量的停车与延误。而次要道路上，因为车辆少，有些时候亮着绿灯却无车通行。这些往往是没有必要的。

（二）引起故意或无意违反交通信号灯的行为

在没有达到设置交通信号灯的路口，驾驶人在主要道路上遇红灯停车等候，但他在相当长的时间内并未看到次要道路上有车辆通行，往往在下次通过该路口时会诱发违反交通信号灯通行的行为，很有可能产生后果很严重的交通伤亡事故。

五、知识导读

（一）错位T形路口

1. 错位间距小于50米时，可视为一个十字路口或斜交路口。
2. 错位间距大于50米时，可视为两个T形路口。

错位间距是指两条错位道路相邻的路缘线间的距离。

（二）交通技术监控设备

通过监控系统将监视区域内的现场图像传回指挥中心，使管理人员直接掌握车辆排队、拥堵、信号灯等交通状况，及时调整信号配时或通过其他手段来疏导交通，改变交通流的分布，以达到缓解交通拥堵的目的。

（三）PCU（Passenger Car Unit）

PCU称为当量交通量，是将实际的各种机动车和非机动车交通量按一定的折算系数算成某种标准车型的当量交通量，折算系数表参见附录2。在我国，以小客车为标准车型。

第二节　道路交通标志

道路交通标志是城市道路交通的“语言”，为道路使用者提供准确及时的信息和引导，使道路使用者顺利快捷地抵达目的地，促进交通通畅和行车安全。它用文字或符号传递引导、限制、警告或指示信息的道路设施。设置醒目、清晰、明亮的交通标志是实施交通管理，保证道路交通安全、顺畅的重要措施，因此交通标志的设置对交通安全具有很大的影响。

一、道路交通标志的分类

根据《中华人民共和国道路交通安全法实施条例》第三十条之规定，交通标志分为：指示标志、警告标志、禁令标志、指路标志、旅游区标志、道路施工安全标志和辅助标志。

而根据中华人民共和国国家技术标准《道路交通标志》（GB 5768.2－2009）中3.3.1之规定，交通标志分为主标志和辅助标志两大类。

（一）主标志

1. 警告标志。警告标志是警告车辆、行人注意危险地点及应采取措施的标志。绝大部分颜色为黄底、黑边、黑图案，其形状为等边三角形，顶角朝上。如图15：

图15

驾驶人在一条不熟悉的道路上行驶，不可能知道行驶前方存在危险。警告标志的作用就是及时提醒驾驶人前方道路状况的变化，在达到危险点以前有充分时间采取必要行动，确保行车安全。

2. 禁令标志。禁令标志是根据道路和交通情况，为确保交通安全，对车辆和行人加以禁止或限制的标志。除个别标志外，一般为白底、红圈、红杠、黑图案。如图16：

图 16

3. 指示标志。指示标志是指示车辆、行人按规定方向、地点行进的标志。其颜色为蓝底、白图案；形状分为圆形、长方形和正方形。如图 17：

图 17

4. 指路标志。指路标志是传递道路方向、地点、距离信息的标志，用来指示市镇村的境界、目的地方向、地点、距离，高速公路的出入口、服务区、著名地点等信息，按用于一般道路和高速公路分类，但有的指路标志既可用于一般道路，也可用于高速公路。一般道路指路标志为蓝底白图案，高速公路指路标志为绿底白图案。其形状除地点识别标志、里程牌、分合流标志外，为长方形和正方形。如图 18：

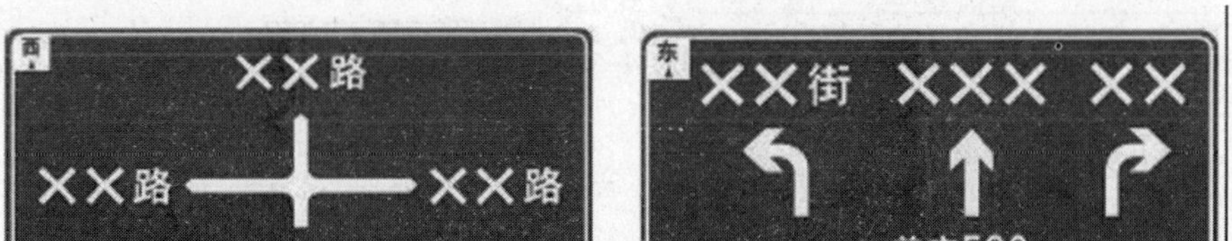

图 18

5. 旅游区标志。旅游区标志是设置在通往旅游景点的交通路口，提示方向和距离信息的标志，使旅游者能方便地识别通往旅游区的方向和距离，了解旅游项目的类别。如图 19、图 20：

图 19

图 20

6. 作业区标志。作业区标志是指用以通告道路交通阻断、绕行等情况。设在道路施工、养护等路段前的适当位置。用于作业区的标志为在已有的标志上增加橙色绕行箭头或橙底黑图形。如图 21：

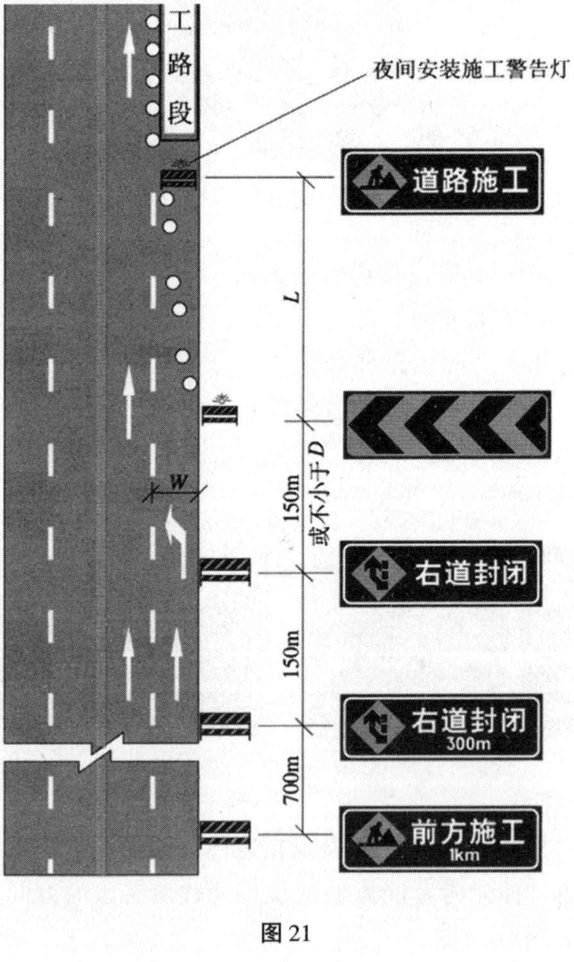

图 21

7. 告示标志。告示标志用以解释、指引道路设施或者告示有关道路交通安全法和道路交通安全法实施条例的内容。取消告示标志的设置不影响现有标志的设置和使用。如图22：

图22

（二）辅助标志

辅助标志是附设置在主标志下起辅助说明作用的标志。辅助标志可分为表示车辆种类、表示时间、表示区域或距离、表示警告和禁令的理由等四种。最为重要的是，辅助标志不能单独设置。其形状为长方形，颜色采用白色黑字或黑图案，黑边框。如图23：

时间范围　时间范围　除公共汽车外

小型汽车　货车　货车、拖拉机

向前200M　向左100M　向左、向右各50M

图23

二、道路交通标志的构成要素

要充分发挥交通标志的作用，必须使驾驶人在一定的距离内，迅速而准确地辨认出标志形状和文字、字符图案，而且可以及时掌握交通信息和采取相应措施。因此，要求交通标志有良好的视认性。决定视认性好坏的主要因素是标志的颜色、形状和图形，简称交通标志的“三要素”。

（一）道路交通标志的颜色

我国安全色国家标准规定：红、蓝、黄、绿四种颜色为安全色，黑、白两种颜色为对比色。

在交通标志中，一般是以安全色为主以对比色为辅规定配合使用。其中，黑色用于安全标志的图案、文字和符号以及警告标志的几何图形；白色作为安全标志红、蓝、绿色的背景色，也可以用于安全标志的文字和图形。为了不与道路两旁的绿色树木相混淆，道路上用的指示标志为蓝色，如表 4 所示：

1. 红色：表示禁止、停止、危险，用于禁令标志的边框、底色、斜杠，也用于叉形符号和斜杠符号等。红色光波传播距离最远，非常引人注目，又是前进色，所以，视认性很好。红色会使人们联想火和血的危险情景，在心理上产生强烈的刺激，引起人们紧张或兴奋。因此，红色用来表示禁止、停止、紧急、危险等含义。

2. 黄色或荧光黄色：表示警告，用于警告标志的底色。黄色是前进色，能对人们视觉产生比红色更高的明度。黄色能使人们感受危险而强烈程度次于红色，即只产生警惕的心理反应，可引起人们的注意。因此，黄色用来表示警告、注意等含义。

3. 蓝色：表示指令、遵循，用于指示标志的底色。同时也表示地名、路线、方向等行车信息，用于一般道路指路标志的底色。蓝色是后退色，其注明性和视认性均属一般。当蓝色与白色搭配使用时，则对比明显，效果好。淡蓝色会使人们产生活泼的心理感觉，而深蓝色会使人们产生庄重的心理感觉，在太阳光的直射下，蓝色比红色和黄色更加醒目。因此，蓝色用来表示指示、指令性的含义。

4. 绿色：表示地名、路线、方向等行车信息，用于高速公路和城市快速路指路标志的底色。绿色为后退色，视认性不高，然而能使人们联想自然界的一片翠绿，产生恬静、舒适、安全的心理感觉。因此，绿色用来表示安全、通行的含义。

表4 安全色的含义及用途

颜色	含义	用途举例
红色	禁止 停止	禁令标志：禁止机动车驶入
蓝色	指令 必须遵守的规定	指示标志：指引车辆和行人行驶方向
黄色	警告 注意	警告标志：行车道中线
绿色	提示 安全状态 通行	提示信息：出入口方向及距离

5. 白色：用于标志的底色、文字和图形以及部分标志的边框。白色的明度最高，反射率也最高，给人们一种明亮、清洁的心理感觉。白色对比性最强，因此，白色通常用作标志的底色。

6. 黑色：用于标志的文字、图形和部分标志的边框。黑色的明度最低，可使人们产生深沉、凝重的心理感觉，但是，它和其他颜色相配时，却显得很清晰。在应用中黑色多作为图形的颜色。

表5 对比色使用范围

安全色	相应的对比色	安全色	相应的对比色
红色	白色	黄色	黑色
蓝色	白色	绿色	白色

7. 棕色：表示旅游区及景点项目的指示，用于旅游区标志的底色。

8. 橙色或荧光橙色：用于道路作业区的警告、指路标志。

（二）道路交通标志的形状

道路交通标志的视认性与其几何形状有着密切关系。选择道路交通标志适宜的几何形状，可使之更加突出和醒目。

1. 几何形状的选择。科学研究成果表明，同等面积的物体，其视认性随着几何形状的变化而变化。通常，物体外形有锐角，比较容易辨认。在同面积、相同距离、同照明条件的情况下，最容易辨认的物体外形为三角形。

2. 常用几何形状。在道路交通标志中，通常选用的几何形状有以下三种：

（1）三角形。正三角形物体最引人注目，即使在光照条件较差的情况下，仍比其他几何形状容易被发现。因此，常把正三角形作为“警告”标志的几何形状。

（2）圆形。在同等面积和易于辨别的各种几何形状中，圆形内所画的图案显得比其他几何形状内所画的图案大，视认清楚。因此，常把圆形作为“指令”标志的几何形状。通常，圆形内画有“＼”符号，即为“禁止”标志。

（3）长方形。长方形给人一种安逸感，同时，它具有的面积可充分用来书写文字说明和画图形。通常，把长方形用作“提示”标志。

（三）道路交通标志的图形

道路交通标志所传递的管理信息，仅依靠颜色和几何形状两个要素，只能表达抽象的、大体的概念。道路交通标志的具体含义，取决于所规定的具体内容，这就要由图形要素来表达。图形要素包括以下三个部分。

1. 图案。采用图案表示道路交通标志的信息内容，含义直观、形象、易懂，可达到识别道路交通标志不受人们文化程度限制的目的。这就要求图案设计要简单、明了，尽可能与客观事物相似，使之最大程度地反映客观事物的特点。同时，表示不同客观事物的图案应该有明显区别，便于驾驶人在行车速度快、辨认时间短的情况下，能够迅速而准确地识别。

2. 符号。道路交通标志所采用的符号必须具有简单、易辨认、含义明确以及不受文化程度局限等特点。在设计符号所代表的含义时要注意：一是把握其直观性、单义性，绝不可出现某一符号有几种不同解释；二是符合人们在日常生活中的一般习惯和思维方式，使人们容易理解；三是必须考虑符号和图案、文字之间的互相配合，使之不制约图案或文字的视认性；四是充分照顾到标志的牌面清晰，不影响图案、文字意义的表达。

3. 文字（数字）。在同样视觉条件下，采用图案、符号传递信息要比相同大小的文字来传递信息更迅速，而且，更易于为人们所理解和识别。但图案和符号所表达的信息毕竟是事物的抽象反映，相比之下，文字表达的意义就更为可靠、准确。同时，有些内容难以采用图案和符号来表达的，就必须运用文字或数字来表达，如具体的时间与距离。当道路交通标志采用文字时，应该尽可能简明扼要，通常一两个字就应清楚地表达含义。

三、道路交通标志的设置原则与要求

为确保交通畅通和行车安全，道路交通标志的设置应遵循下列原则：

1. 应结合道路地形、交通状况、沿线设施等情况，根据交通标志的不同种类来设置。以利向道路使用者提供正确的、及时的信息。通过交通标志的引导，顺利、快捷地抵达目的地，不允许发生错向行驶。

2. 交通标志的设置应进行总体布局，防止出现信息不足或过载的现象。对于重要的信息应给予重复显示的机会。

3. 交通标志的设置应充分考虑道路使用者的特性，即充分考虑在动态条件下发现、判读标志及采取行动的时间和前置距离。

4. 交通标志应设置在车辆行进正面方向最容易被看见的地方。可根据具体情况设置在道路右侧、中央隔离带或车行道上方。

5. 同一地点需要设置两种以上标志时，可以安装在一根标志柱上，但最多不应超过四种。应按禁令、指示、警告的顺序，自上而下，先左后右地排列。

6. 路口优先通行标志、解除限制速度标志、解除禁止超车标志、停车让行标志、减速让行标志、会车先行标志、会车让行标志应单独设置。

四、知识导读

（一）安全色（safety colour）

传递安全信息含义的颜色，包括红、蓝、黄、绿四种颜色。根据《安全色》（GB2893－2001）的规定，安全色适用于工矿企业、交通运输、建筑业以及仓库、医院、剧场等公共场所。为了使人们对周围存在不安全因素的环境、设备引起注意，需要涂以醒目的安全色，提高人们对不安全因素的警惕。统一使用安全色，能使人们在紧急情况下，借助所熟悉的安全色含义，识别危险部位，尽快采取措施，提高自控能力，有助于防止发生事故。

（二）视认性

就是在由远至近再离开的过程中，视觉系统发生的发现、辨认、反应的过程。

第三节　道路交通标线

道路交通标线是由各种路面标线、箭头、文字、立面标记、突起路标和道

路边线轮廓标等构成的交通安全设施。它可以与道路交通标志配合使用，也可单独使用。交通标线是引导驾驶人视线，诱导、管制驾驶行为的重要手段。它可以确保分道行驶，导流交通行驶方向，指引车辆在合流或分流前进入合适的车道。正确设置交通标线，为交通参与者提供导向，以规范交通行为、引导交通流。正确设置交通标线，能有效合理地使用路面面积，提高道路通行能力，减少交通事故，确保车辆快速、安全行驶。如果交通标线和两侧的自然景观环境相互协调，道路就会成为一道亮丽的风景线，更能激发道路使用者爱护道路的意识，最大限度地发挥道路的综合服务功能。

一、道路交通标线的分类

1. 按设置方式分类。

（1）纵向标线，是指沿道路行车方向设置的标线。

（2）横向标线，是指与道路行车方向成角度设置的标线。

2. 按形态分类。

（1）线条。标划于路面、缘石或立面上的实线或虚线。

（2）字符标记。标划于路面上的文字、数字及各种图形符号。

（3）突起路标。安装于路面上用于标示车道分界、边缘、分合流、弯道、危险路段、路宽变化、路面障碍物位置的反光或不反光体。

（4）路边线轮廓标。安装于道路两侧，用以指示道路的方向、车行道边界轮廓的反光片。

3. 按标划方式分类，如表 6 所示：

表 6　交通标线的图例与含义

编号	名称	图例	含义
1	白色虚线	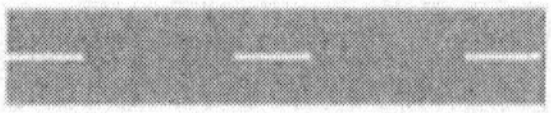	划于路段中时，用以分隔同向行驶的交通流；划于路口时，用以引导车辆行进
2	白色实线	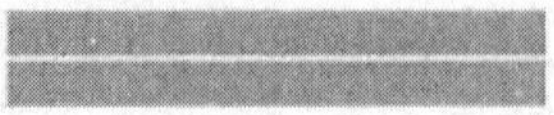	划于路段中时，用以分隔同向行驶的机动车、机动车和非机动车，或指示车行道的边缘；划于路口时，用作导向车道线或停止线，或用以引导车辆行驶轨迹；划为停车位标线时，指示收费停车位

（续表）

编号	名称	图例	含义
3	黄色虚线		划于路段中时，用以分隔对向行驶的交通流或作为公交专用车道线；划于交叉路口时，用以告示非机动车禁止驶入的范围或用于连接相邻道路中心线的路口导向线；划于路侧或缘石上时，表示禁止路边长时停放车辆
4	黄色实线		划于路段中时，用以分隔对向行驶的交通流或作为公交车、校车专用停靠站标线；划于路侧或缘石上时，表示禁止路边停放车辆；划为网格线时，表示禁止停车的区域；划为停车位标线时，表示专属停车位
5	双白虚线	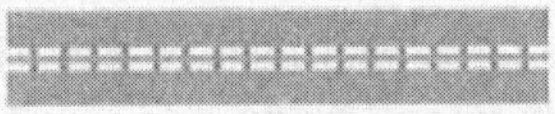	划于路口时，作为减速让行线
6	双白实线	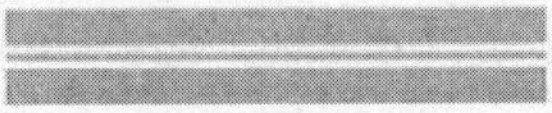	划于路口时，作为停车让行线
7	双黄虚线		划于路段中时，用以分隔对向行驶的交通流
8	双黄实线		划于路段中时，作为行车方向随时间改变之可变车道线
9	白色虚实线	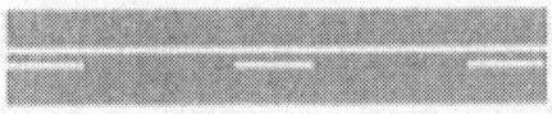	用于指示车辆可临时跨线行驶的车行道边缘，虚线侧允许车辆临时跨越，实线侧禁止车辆跨越
10	黄色虚实线		划于路段中时，用以分隔对向行驶的交通流；黄色实线一侧禁止车辆超车、跨越或回转，黄色虚线一侧在保证安全的情况下准许车辆超车、跨越或回转

4. 按功能分类。

（1）指示标线。用于指示车行道、行车方向、路面边缘、人行道等设施的标线。各类指示标线的种类见表7：

表7　指示标线的种类

设置方式	标线名称	标线形式	功能
纵向标线	双向两车道路面中心线	黄色虚线	用于分隔对向行驶的交通流，一般设置在车行道中线上，但不限于一定设置在道路的几何中心线上
	车行道分界线	白色虚线	设置在同向行驶的车行道分界线上，分隔同向行驶的交通流
	车行道边缘线	白色实线或虚线	指示机动车道的边缘、机动车道与非机动车道的分界
横向标线	人行横道线	白色平行实线	表示准许行人横穿车行道
	距离确认线	白色平行实线	提供车辆驾驶人保持行车安全距离的参考
其他标线	左转弯待转区线	两弧形白虚线	指示左转弯车辆可在直行时段进入待转区，等待左转
	左转弯导向线	白色弧形虚线	表示左转弯的机动车与非机动车之间的分界
	停车位标线	白色实线	表示车辆停放位置
	港湾式停靠站标线	白色虚线	表示公共客车通向专门的分离引导和停靠位置
	导向箭头	白色箭头	表示车辆的行驶方向，用于对交通的引导
	路面文字标记	黄色白色文字(数字)	利用里面文字（数字），指示或限制车辆行驶的标记

（2）禁止标线。禁止标线是告示道路交通的遵行、禁止、限制等特殊规定，车辆驾驶人及行人需严格遵守的标线。各类禁止标线的种类见表8：

表 8 禁止标线的种类

设置方式	标线名称	标线形式	功能
纵向标线	禁止超车线	黄色双实线	禁止车辆跨线超车或压线行驶
		黄色虚实线	实线一侧禁止车辆跨线超车或向左转弯；虚线一侧准许车辆跨线超车或向左转弯
		黄色单实线	禁止车辆跨线超车或压线行驶
	禁止变换车道线	白色实线	禁止车辆变换车道和借道超车
	禁止路边长时停放线	黄色虚线	用以指示禁止路边长时停放车辆
	禁止路边临时或长时停放线	黄色实线	用以指示禁止路边临时或长时停放车辆
横向标线	停止线	白色实线	表示车辆等候放行信号的停车位置
	停车让行线	白色实线	表示车辆在此路口必须停车让行
	减速让行线	白色虚线	表示车辆在此路口必须减速让行
其他标线	非机动车禁驶区标线	黄色虚线	用以告示骑车人在路口内禁止驶入的范围
	导流线	白色单实线（V形、斜纹线）	表示车辆需按规定的路线行驶，不得压线或跨线行驶
	中心圈	白色实线	区分车辆左右转弯
	网状线	黄色网格线	告示驾驶人禁止在设置本标线的地点临时停车
	专用车道线	黄色虚线、文字	指示仅限于某车种行驶的专用车道，其他车种及行人不得进入
	禁止掉头线	黄色实线	用于告示驾驶人禁止车辆掉头

（3）警告标线。警告标线是促使车辆驾驶人及行人了解道路上的特殊情况，提高警觉，准备防范应变措施的标线。各类警告标线的种类见表 9：

表9 警告标线的种类

设置方式	标线名称	标线形式	功能
纵向标线	车行道宽度渐变段标线	白色实线 黄色斑马线	用以警告车辆驾驶人路宽缩减或车道数减少，应谨慎行车，并禁止超车
	接近路面障碍物标线	黄色V形、斜纹线	用以指示路面有固定性障碍物，警告车辆驾驶人谨慎行车，绕过路面障碍物
	近铁路平交道口标线	白色交叉线、文字	用以指示前方有铁路平交道口，警告车辆驾驶人谨慎行车
横向标线	减速标线	白色虚线	用于警告车辆驾驶人前方应减速慢行，设于收费广场、出口匝道的适当位置
其他标线	立面标记	黄黑相间倾斜线条	提醒驾驶人注意，在车行道或近旁有高出路面的构造物

二、道路交通标线的构成要素

同道路交通标志一样，交通标线也具有颜色、形状和图案三个要素。

（一）道路交通标线的颜色

据研究成果表明，驾驶人在驾车行驶途中，注视点倾向于路面标线要比倾向于路侧标志更为突出。在其行驶过程中的大部分时间，眼睛活动集中于沿着行车路面进行扫视，并形成行车的导向系统。即使路旁不时出现零散景物，也不至于干扰驾驶人对行车前方路面标线的注意力，甚至在黄昏、夜间以及阴雨或有雾等不良气候条件下，而不得不放慢行车速度作缓行，仍不能完全辨别道路状况和有关参照物的情形，还可以依据路面标线，控制其行驶车辆的横向间距，避免与对向行驶车辆发生碰撞。

道路交通标线颜色要素与其视认性密切相关，而且，控制功能具有持续性。这就决定了道路交通标线应该采用鲜明、跳跃、对比度高、引人注目的颜色，以便在足够远的地方就能引起车辆驾驶人及行人的注意。通常，道路是由沥青铺设的黑色路面，也有少数为其他材料铺设的暗色路面。根据路面颜色和人的视认要求，道路交通标线便采用了白色、黄色两种颜色。从明度比来讲，路面标线与路面光亮程度的对比较大，其视认度更好，因此，在黑色路面上采用白色标线就比较清楚。从光渗现象来说，在黑色的底面上涂划白色，白色显得更白。因此，在黑色路面上采用白色标线，其效果为最好。据美国实验证明，白色标线平均亮度是黄色标线的 1.6 倍。在有雾的情况下，黄色标线的视认性比白色标线要差 1/5 左右。

在道路交通标线颜色信息系统中，黄色具有明亮和警戒的感觉，用来作为“注意危险”等警告信息，使其具有禁令性质。当路面出现黄色标线时，驾驶人心理感觉到此处可能有潜在的危险，于是，往往产生紧张情绪，小心谨慎地驾驶车辆，希望尽快离开这个危险路段。因此，在路面标线的颜色上，不可随意采用黄色。通常，采用黄色标线作为道路中心线来分离上行车道与下行车道，具有较好的作用。有时，黄色标线也可用于“前方区域禁止入内”的场合，发挥警戒线的控制功能。

（二）道路交通标线的形状

1. 路面标记形状与视认。人们对单纯、有规则、对称而又反复出现的路面标记形状，感觉为易见性好。同样面积的路面标记，双线比单线的视认性要好。等面积的形体的视认性则以长方形标记为最好，依次是三角形、圆形和正方形。长宽比例采用“黄金分割法”而组成的长方形易见性好。文字与符号的形体大小、笔画多少、间隔宽窄的不同，其视认性也不同。

2. 错视现象。人的视觉有共同的错视倾向，可称为错视。错视现象是人类带有普遍性的一种生理和心理现象。研究错视现象，对其加以克服和利用，使之涂画路面标记更为合理。于是，道路交通标线控制更为有效。

首先，利用错视现象。同样长度的竹竿，当水平放置时，从其侧面望去，就会感到短而细；从其顶端纵向望去，就会感到长，同时，距离眼睛近的一端感到粗些，而距离眼睛远的一端就会感到细些。同一物体，从远处看和从近处看，其形状也不一样。在确定标线的虚线时，其长度和间隔之比为 2：3 较好。在施划人行横道线时，不是画成与道路垂直的线，而是画成与道路平行的线。这样，可以提高道路交通标线的视认性，驾驶人在远处就能察觉和辨认，做好减速和制动准备，保障行人过街安全。

其次，克服错视现象。在路面上的正方形符号或文字，当视线与其平面垂直时，可以看出是正方形；当视线与其平面夹角小于 90 度时，正方形符号或文字就会纵向缩短而变成长方形。人距离正方形符号或文字越远，眼睛的高度不变，视线与其平面夹角就越小，则这种错视现象就越明显。因此，画在路面上的正方形符号（或文字）长宽比例应适当。例如，宽 45 厘米的字，在距该字 5

米处，眼的高度为1.2米处看字，若看成正方形，则字的长度应为宽度的4.8倍。一般认为，从经济性和视认性来看，标线视认界限长均应比较合适。在比较近的距离内若清楚地看到标线，视认距离在5米之内，长度应为宽度的4~6倍；视认距离在10米之内，长度应为宽度的8~10倍。

3. 视认标线与动视力。动视力影响道路标线视认性。驾驶人的动视力比静视力低，车辆行驶速度越高，动视力就越低。例如，行车速度为20千米/小时，视认距离为50米，衰退率为11%；行车速度为40千米/小时，视认距离为34米，衰退率为34%左右。

（三）道路交通标线的图案

1. 纵向标线宽度。根据国外研究表明，纵向标线的宽度对交通状况、驾驶人心理指标并无影响。过宽的纵向标线，既增加资金的耗费，又增加行车打滑的危险。世界各国对纵向道路交通标线的宽度所采用尺寸大小不尽一致。其范围：最小值为7.5厘米，最大值为20厘米。多数国家采用10~15厘米。根据我国的实际情况，纵向标线的宽度采用10~15厘米；需要强调的路段，其纵向标线宽度才采用上限值。

2. 横向标线宽度。据试验表明，横向标线宽度因受驾驶人视角条件的限制，必须比纵向标线成倍地予以加宽，才能适应视角要求。因此，我国道路交通标线的横向标线宽度指标为20~40厘米。

3. 虚线标线的组成。在道路交通标线中，特别是在纵向标线中，有些标线是用“虚线”的形式。因此，需要有一个实线段长度与间隔段长度的比例尺寸的技术规范。根据研究表明，虚线中实线段与间隔段的比例尺寸，对道路上的行车速度有一定影响。绝大部分驾驶人驾车行驶在规定的速度下，虚线中实线段与间隔段相继出现的次数，即闪现率以不超过3次/秒为宜。在公路上的闪现率不超过4次/秒、在城市道路上不超过8次/秒，均认为可以接受。据试验证明，实线段短，间隔段小的虚线，适用于较低的车速；反之，适用于较高的车速。闪现率过频，会对驾驶人产生过分刺激；闪现率过低，则导致驾驶人获得的信息太少，标线不能起到应有的作用。

三、道路交通标线的设置原则与要求

（一）道路交通标线的设置原则

在设置平面交叉路口标线时，应根据交叉路口形式、交通流量、车行道宽度、转弯车辆的比率、非机动车的混入等因素，综合予以确定。同时，应遵循以下具体原则：

1. 增设驶入段机动车道。平交路口驶入段的机动车车道数不能少于与其相连路段上的车道数。驶入段的车道宽度可以小于相连路段的车道宽度，但其宽度不得小于3米。

2. 开辟附加车道。在平交路口内，应积极开辟附加车道，特别是左转弯车道。左转弯附加车道可利用削去中央分隔带的方法，也可利用压缩车道宽度和偏移车行道中心线的方法，积极地开辟附加车道。

3. 设置导向车道。平交路口驶入段的导向车道线与停止线连接，其最小长度为30米。导向车道线画白色或黄色单实线，表示不准车辆变更车道。

4. 应用导向箭头。平交路口驶入段的车道内，应用导向箭头标明各车道的行驶方向。导向箭头重复设置的次数与距离，应根据平交路口驶入段的具体情况确定。

（二）道路交通标线的设置要求

1. 应根据道路设计、交通特性、其他交通设施等情况，合理地利用道路有效面积，设置标线。

2. 应确保线形流畅、规则，符合车辆行驶轨迹要求，路段和路口标线的衔接应科学、合理。

3. 标线的颜色应符合国家技术标准。

4. 连续设置的实线类标线，应每隔15米左右设置排水缝，宽度为3～5厘米。

四、知识导读

（一）铁路平交道口

铁路平交道口，是指铁路和道路在同一平面上互相交叉的处所。当铁路与道路交叉时，道路交通量不大或没条件设置立体交叉时，应合理合并道路后设置平交道口。交叉时应尽可能正交，以避免小型机动车或非机动车的车轮陷入轮缘槽内。

（二）车行道宽度

车行道宽度，又称标准车道宽度，指的是道路上供一部车辆安全顺适行驶所需的宽度，包括设计车辆的外廓宽度和错车、超车或并列行驶所必须的余宽等。

表 10　车行道宽度

车道数	车道宽度
四车道	15 ~ 16m
六车道	23 ~ 24m
八车道	30 ~ 32m

备注：

1. 每条机动车道宽度一般应为 3.25 ~ 3.75m。

2. 大中城市新建的主干路宜采用八车道（双向），次干路宜采用六车道（双向）；小城市的主干路宜采用六车道（双向），次干路宜采用四车道。

第四节　道路交通诱导控制设施

道路交通诱导控制是 20 世纪 70 年代才逐渐开始研究和实践的一种控制方式。其控制思想和策略比传统的信号控制系统进步了许多，但由于控制设备、优化模型复杂等原因，道路交通诱导控制的应用目前还没有达到传统信号控制的普及程度。

道路交通诱导控制设计有许许多多的现代理论和技术，其中主要包括控制技术、通信技术、计算机技术、检测技术、图像处理技术、优化方法、交通工程理论等。一个先进的道路交通诱导控制系统通常是这些现代理论和技术的综合集成与有机结合体。

一、道路交通诱导控制设施的分类

根据目前城市道路交通应用现状，交通诱导控制设施主要可分以下三种形式。

（一）可变交通标志诱导控制设施

目前，可变交通标志诱导控制是一种应用范围最广泛、最普遍的诱导控制方式。通常，它构成了现代城市道路交通控制系统的组成部分之一。

它将因天气、自然灾害、交通事故等原因而发生变化情况及时反映出来。

图 24

（二）停车诱导系统

停车诱导系统（Parking Guidance and Information System，PGIS），又称停车引导系统，是通过交通信息显示板、无线通信设备等实时、便利的信息显示方式，向运行在道路上的车辆驾驶人随时提供有关停车场的位置、使用状况、诱导路线、交通管制以及交通拥堵状况的一种智能化的停车场管理与控制信息系统。

图 25

（三）交通诱导屏

交通诱导屏以呈现道路整体路线轮廓的图形方式向驾驶人提供前方的道路走向，具有指路牌的作用；在静态图形的路段标识区域镶嵌 LED 可变光带，通过 LED 的不同颜色发光，形象标识这些路段处于畅通（绿色）、堵塞（红色）或拥挤（橙色）状态的实时路况，供驾驶人判断和选择适当的行驶路线，起到交通诱导的作用。

交通诱导屏具有显示形象直观、信息量大、视认时间相对较短、为不熟悉路况的驾驶人指路等显著优点，适用于城市道路和公路主要干线的路网密集地段。

图 26

图 27

停车诱导系统对于提高停车设施的使用率、减少由于寻找停车场而产生的道路交通量、减少驾驶人为了停车而造成的等待时间、提高整个交通系统的效率等有着极其重要的作用。它的投入使用将改善道路的拥堵状况，让驾驶人更为合理地选择停车位置，给周边的停车场带来较好的经济效益。

二、道路交通诱导控制的作用

交通诱导控制不同于传统的静态控制和信号控制的法律上的强制性。交通诱导控制作为一种主动式的控制方式，根据诱导控制所采取的方式和传递的信息，通常包含约束性和非约束性两个方面含义。因此，诱导控制的作用主要可以概括为两种，即强制性（约束性）作用和建议性（非约束性）作用。

（一）强制性（约束性）作用

交通诱导控制是通过传递交通信息来达到诱导与控制交通流的目的的。如果所传递的交通信息是以道路交通法律、法规中所规定的具有约束性含义的交通标志的内容（或图案）的形式表示，那么这样的交通诱导信息就具有法律上的强制性和约束性，交通参与者必须严格执行和遵守，否则，即属于交通违法行为。例如，道路上的可变交通标志和高速公路上的可变限速标志等都具有这种约束作用。

（二）建议性（非约束性）作用

交通诱导控制除传递约束性的交通信息外，更多的情况是向广大交通参与者提供交通运行状况及行车建议等信息。这类信息属于非约束性信息，即信息是否被交通参与者采纳并非具有法律上的强制性，而是仅供交通参与者自己做出进一步交通行为决策和判断时参考。例如，停车诱导系统和路况信息诱导屏都具有这种功能和作用。

三、道路交通诱导控制的基本原理

道路交通诱导控制作为一种动态的实时控制方式，其控制的基本原理或其组成结构概括起来包括三个部分，即收集信息、加工和处理信息、传递信息。

（一）收集信息

交通信息是城市交通组织的重要基础信息，交通诱导控制的实现，也是以城市交通系统中实时的交通信息为基本前提条件的。交通信息的收集或信息采集是交通诱导控制中最基本的环节，其他的一切控制决策或是有效信息的提供都是在所收集信息的基础上进行的。一个交通诱导控制系统的作用能否实现，与信息收集的准确性、实时性有着直接的关联。

交通信息的收集或采集主要是通过交通检测器、道路监控系统的摄像机等电子设备来实现的，有时也可以通过交通管理人员或其他相关人员的现场观测来获得有关信息。这些由电子检测装置和人员获得的交通信息就是诱导控制信息的主要来源。

（二）加工和处理信息

信息的加工和处理是交通诱导控制的最主要也是最复杂的一个环节，它不仅要对目前的交通状况进行科学分析，而且还要对未来可能的交通变化趋势作出准确判断，这样才能作出既有利于满足交通参与者交通需求，又能有效改善交通运行状况的控制决策。

（三）传递信息

信息的传递是交通诱导控制系统的最后一个环节。它主要是将诱导系统所作出的交通控制决策显示或表现出来，以供交通参与者参考和决策；它是体现诱导控制系统的最直观的环节，也是与交通参与者最密切的环节。诱导控制的作用及目标实现，基本上都是直接通过这个环节达到或完成的。交通诱导信息的传递主要利用了道路交通诱导控制设施。

四、知识导读

（一）交通检测器

交通检测器更标准的称谓应该是交通信息检测器。目前，国内外在交通检测系统或交通信息采集系统中，大量应用了电磁传感技术、超声传感技术、雷达探测技术、视频检测技术、计算机技术、通信技术等高新科学技术。相应的交通信息检测器主要有电感环检测器（环形感应线圈）、超声波检测器、红外检测器、雷达检测器、视频检测器等。

（二）道路监控系统

道路监控系统是公安部门指挥系统的重要组成部分，对于道路交通组织同样起着相当大的作用。它提供对现场情况最直观的反映，是实施准确调度的基本保障，重点场所和监测点的前端设备将视频图像以各种方式传送至交通指挥中心，进行信息的存储、处理和发布。

第五节　道路交通安全设施

交通安全设施（traffic safety device）指的是为保障行车和行人的安全，充分发挥道路的作用，在道路沿线所设置的人行横道、人行天桥、照明设备、护栏等设施的总称。交通安全设施包括隔离设施、照明设施、防撞、防眩设施和立体过街设施等。

一、道路交通安全设施的分类

（一）隔离设施

隔离设施，顾名思义，就是把事物分离开来的意思。这里所说的道路交通管理隔离设施，是指道路交通管理部门根据道路交通管理的实际，为达到保障交通有序、畅通以及车辆和行人安全的目的，在道路上设置的一种分隔各种交通流的设施。尽管它的性质、作用类似于道路交通标线，但从形态上、效果上更具强制性的鲜明特点，从而达到引导、控制各种交通流的目的。通常在道路上设置常见的隔离设施有隔离栏、隔离墩、绿化隔离带等。

1. 隔离栏。隔离栏一般设置在道路中央、路肩外侧、人行道等处。路中央的隔离栏具有中心实线的功能，主要是起防止车辆冲向对向车道造成交通事故的作用。其他类型的隔离栏也是为了防止车辆冲出路外或对向车道，可以减轻碰撞后果，较好地保护驾驶人与乘客的安全；隔离栏还可以起到指引驾驶人视线、提高注意力，限制行人横穿，保护行人安全的作用。一般常见的路旁隔离栏、行人隔离栏、中央隔离栏多用金属材料制作，也有用其他材料制作的。如图 28：

图 28

2. 隔离墩。隔离墩常见的主要是用钢筋混凝土制造，也有用铸铁制造的，表面刷涂红白相间油漆，近年来，多在油漆中添加荧光粉加强夜间反光作用。隔离墩的高度一般为 0.5～1 米，间距为 2～4 米，中间用钢管或铁链连接。近年来，这种形式的隔离墩在有些城市用得不多了，而多用紧密排列的水泥隔离墩。

隔离墩多用在城市道路中，常见的就是设置在道路中心线上和机动车与非机动车道之间，用以隔离对向机动车，避免或减少对向机动车之间碰撞的交通事故，避免机动车与非机动车之间相互干扰和影响。因隔离墩制造简便、移动方便、安装容易的特点，使其被大量应用于道路交通管理工作中，的确是一种简易实用、效果明显的道路交通管理设施。如图 29：

图 29

3. 绿化隔离带。绿化隔离带也是一种最常见的、被大量广泛应用的道路交通安全设施。常设置于各种道路中央、道路边缘（城市道路多用），以隔离对向机动车道之间、同向机动车与非机动车道之间的各种交通流。一般用混凝土围砌成一定宽度的空间，置入一定的土壤，上面种植花草树木。绿化隔离带用来作为道路上的中心隔离带和机动车与非机动车之间的隔离带，既能保证道路交通的正常、有序和安全，又能起到美化城市环境、美化道路环境的作用。如图 30：

图 30

绿化隔离带也有一定的缺点，占用了不少的道路面积，花木如过高，行人从中穿行隐患较大，如过低，夜间行车的灯光容易影响对向车辆的安全行驶。这两点如不加以重视，容易造成交通事故。

（二）照明设施（lighting facilities of road）

道路交通中设置照明设施的目的，主要是确保夜间交通出行的各种人员能清楚地掌握道路交通环境状况。因为夜间视线不良非常容易引发交通事故，这是有许多教训可吸取的。如图31：

图31

我国各地社会经济发展不平衡，在道路交通照明设施的设置中，经济发达的地区，对城市道路和主要的公路，都是设置全线连续照明。经济不发达的地区，多采用对道路的局部照明。理论上，夜间交通量大的城市主干道、快速干道均应全线连续照明；一般道路的重要地点，如交叉路口、人行横道、桥梁、隧道、铁路道口、事故多发地点等可局部照明。

（三）防撞、防眩设施

1. 防撞设施。防撞设施能确保车辆在失控与设施发生碰撞后能有效增加缓冲、减少损失。除了部分隔离设施具有防撞功能，还有防撞桶、防撞缆绳等。如图32：

图32

2. 防眩设施。驾驶人在行车时，特别是夜间，极易受到眩光的影响产生操作失误而导致交通事故的发生。而设置防眩设施可有效地消除对向车前灯的眩光影响，保护驾驶人的视觉健康，对改善行车条件，特别是夜间能发挥积极的作用。防眩设施，是指防止夜间行车不受对向车辆前照灯炫目的构造物。如图33：

图33

防眩设施主要包括防眩板、防眩网等，设置在中央隔离带上。不同防眩设施的应用性能是不一样的，如表11所示：

表11　各种防眩设施的应用性能

特点	植树（灌木）		防眩网	防眩板
	密集型	间距型		
美观	好		好	较差
对驾驶人心理影响	小	大	小	较小
对风阻挡	大		小	大
积雪	严重		好	严重
自然景观配合	好		好	不好
防眩效果	较好		好	较差
经济性	差	好	好	较差
施工难易	较难		易	难
养护工作量	大		小	小
横向通视	差	较好	好	好
阻止行人穿越	较好	差	较好	好
景观效果	好		好	差

（四）立体过街设施

立体过街设施是现代化都市中通过道路的一种建筑，可以使通过道路的行人、非机动车与机动车实现完全分离，保证交通的通畅和安全。如图 34：

图 34

二、知识导读

（一）眩光

眩光（glare），是指视野中由于不适宜亮度分布，或在空间或时间上存在极端的亮度对比，以致引起视觉不舒适和降低物体可见度的视觉条件。视野内产生人眼无法适应之光亮感觉，可能引起厌恶、不舒服甚或丧失明视度。在视野中某一局部地方出现过高的亮度或前后发生过大的亮度变化。

（二）荧光粉

荧光粉，俗称夜光粉，通常分为光致储能夜光粉和带有放射性的夜光粉两类。光致储能夜光粉是荧光粉在受到自然光、日光灯光、紫外光等照射后，把光能储存起来，在停止光照射后，再缓慢地以荧光的方式释放出来，所以在夜间或者黑暗处，仍能看到发光，持续时间长达几个小时至十几个小时。带有放射性的夜光粉，是在荧光粉中掺入放射性物质，利用放射性物质不断发出的射线激发荧光粉发光，这类夜光粉发光时间很长。

第三章　道路交通管理设施的维护

道路交通管理设施是城市道路交通的“语言”，为道路使用者提供准确及时的信息和引导，不但使道路使用者顺利快捷地抵达目的地，更能促进交通通畅和行车安全。然而，由于各地城市道路交通管理发展水平不同，道路交通管理设施的设置情况也存在一定的差异。本章内容结合城市道路实际情况，罗列了各种交通设施常见的维护项目。通过学习，交通管理者掌握日常维护交通设施的内容与方法，明白道路交通管理设施的维护是道路交通系统不可缺少的重要组成部分，是保证行车安全、防止交通事故、减轻交通事故后果的重要手段。

第一节　交通设施的日常维护

一、道路交通信号灯的日常维护

目前，我国道路交通信号灯在设置时主要参照《中华人民共和国道路交通安全法实施条例》《道路交通信号灯》（GB14887－2011）及《道路交通信号灯设置与安装规范》（GB14886－2006）等法律法规和技术规范的要求，这对我国交通信号灯的设置起到了积极有效的指导作用，但仍存在部分交通信号灯没有按照国家标准进行设置的情况，存在严重的交通安全隐患。因此，要更好地发挥交通信号灯对城市交通的控制作用，缓解交通压力，保障交通畅通，就必须加强对城市道路交叉路口信号灯的科学设置与定期维护。

以下是日常维护工作中常见的问题。

（一）交通信号灯排列顺序错误

方向指示信号灯和机动车信号灯，无论竖向安装或者横向安装，都应将重要的灯色放在重要的位置，即从上到下或者从左到右都应该按照红、黄、绿的顺序排列安装。否则，容易影响驾驶人的正常视认习惯，存在交通安全隐患。如图35：

图 35

（二）交通信号灯发光单位错误

即信号灯虽然采用三个几何分立，但是在单个发光单元中可能显示复合箭头，指向多个方向，或者图案形状不正确。如图 36：

图 36

（三）交通信号灯被遮挡

《道路交通信号灯设置与安装规范》中对信号灯的安装位置根据不同情况有不同的要求。信号灯应安装在驾驶人易于观察的位置，但实际上，信号灯有可能被树枝遮挡而管理部门又未及时查修；此外，有些信号灯被路口的交通标志和广告牌遮挡，不利于驾驶人观察，极易引发交通事故。如图 37：

图 37

（四）交通信号灯安装位置不正确

《道路交通信号灯设置与安装规范》中对信号灯的安装位置根据不同情况有不同的要求。基于上述规定，信号灯不但应安装在驾驶人易于观察的位置，而且还应该直观、可辨。但事实上，有不少交通信号灯安装的位置很容易让人混淆。如图 38：

图 38

（五）忽略交通信号灯中黄灯的作用

有些交通信号灯红灯与绿灯直接转换，没有黄灯过渡。也有一部分交通信号灯用倒计时直接代替黄灯，更有一部分交通信号灯只采用一个信号单元。如图 39：

图 39

（六）交通信号灯失灵

交通信号灯受控制箱管理，一旦控制箱出现了故障或是停电，交通信号灯将会失控、失灵。如图 40：

图 40

（七）交通信号灯损坏

交通信号灯常年暴露在外面，非常容易受到天气及人为因素的损坏。如图 41：

图 41

二、道路交通标志的日常维护

我国城市道路交通标志的设置实行全国统一的标准。1986 年首次颁布实施了国家标准《道路交通标志和标线》（GB5768）（以下简称《标准》），并随着道路交通的发展进行调整、改进，分别在 1999 年和 2009 年发布了修订版，交通标志的种类、用法不断丰富和完善。《标准》规定了道路交通标志设置的原则、要求和方法，是标志设置的主要依据。然而，由于各种原因，交通标志的设置情况存在一定的差异，后续的维护工作也存在疏漏。

以下是日常维护工作中常见的问题。

（一）交通标志的“三要素”不规范

虽然国家标准中对于各类交通标志的图案、颜色、形状（“三要素”）作出了明确规定，但是在设计、制作交通标志的过程中，许多地方存在设置的交通标志不规范的情况，从而导致交通标志的设置与国家标准的规定存在一定的差距，影响了交通标志的严肃性和统一性。如图 42：

图 42

（二）标志之间尺寸不一致

标志版面的尺寸主要取决于道路的设计速度，《标准》中明确规定了禁令标志、限速标志与车速之间的关系。同一道路的交通标志设计中，交通标志的尺寸规格应保持一致。而实际中往往存在同一地点不同标志尺寸不一致的情况，既不规范，又不美观。如图 43：

图 43

（三）交通标志信息量不合理

交通标志的设置应综合考虑，布局合理，防止出现信息不足或信息过载的现象。然而，信息过载是目前交通标志系统普遍存在的问题，这种情况往往导致驾驶人没有充足的时间识别、理解标志信息，从而影响交通安全。其中，较为典型的是禁令标志的辅助信息。如图 44：

图 44

（四）交通标志排列顺序错误

根据《标准》规定，不同种类标志并设时，应按照禁令、指示、警告的顺序，由上而下或由左而右排列。如图 45：

图 45

（五）交通标志之间意义相冲突

有些地方在设置交通标志时，由于对部分交通标志的含义理解不当或未及时调整等，未考虑与交通环境、交通组织方式以及其他标志的协调，造成道路交通信息不匹配，甚至互相矛盾，使得驾驶人无法作出正确判断，也带来了安全隐患和执法困难。如图 46：

图 46

(六) 交通标志版面的安装方向不正确

交通标志版面的设置方向应面向服务对象，如果存在角度错误、倒置等情况，就使得驾驶人无法及时获取交通信息。如图 47：

图 47

(七) 交通标志被遮挡

交通标志应保证良好的可视效果，避免被其他标志、树叶等物体所遮挡，使得驾驶人无法及时获取交通信息。如图 48：

图 48

（八）交通标志被损坏

交通标志应保证主体平整、完整。如图 49：

图 49

（九）交通标志未更新

《道路交通标志和标线》（GB5768－2009）对部分交通标志进行了修订。例如，原合流诱导标志修改为注意合流标志。如图 50：

图 50

三、道路交通标线的日常维护

我国城市道路交通标线的设置实行全国统一的标准。《标准》规定了道路交通标线设置的原则、要求和方法，是标线设置的主要依据。交通标线对交通管理工作起到了积极的作用，但是在现实的工作中，交通标线设置还存在着很多不妥之处，致使其在实际应用过程中无法或不能完全发挥应有功能，造成了理论与实际的巨大差距。以下是日常维护工作中发现的一些常见的问题。

（一）交通标线的设置位置不合理

标线设置的位置是指需要改变行驶行为点的前置距离，标线位置设置合理与否将关系到标线功能是否能正常发挥。由于驾驶人对标线信息的记忆有一定的时间限制，如果前置距离太长，那么标线信息在他们脑中的记忆将变得模糊，从而影响驾驶行为的改变，更严重的可能会对标线产生一定的不信任；如果前置距离过短，驾驶人则没有充分的时间来改变驾驶行为。如图 51：

图 51

（二）交通标线擦除不彻底

在对交通标线重新漆画的同时，需要对旧的交通标线进行擦除。然而，往往会出现擦除不彻底现象，新标线漆画好后，旧标线还若隐若现。如图 52：

图 52

（三）交通标线的设置与其他交通设施相互矛盾

在实际应用过程中，有部分交通标线与其他交通设施还不能进行合理的组合设置，具体表现为在同一路段上，交通标线与其他交通设施的管理意义不统一，在设置过程中甚至出现管理意义相反或者管理意义表述有歧义的情况；或者是新的交通标线在最初的使用过程中由于新的标线宣传力度不够或者交通参与者自身素质参差不齐等客观因素，又难以找到简洁文字说明相配，导致交通标线的实际作用无法正常发挥。如图 53：

图 53

（四）交通标线材料涂装率低、模糊不清或缺损、标线夜间反光不良

交通标线因为经过长期的日晒雨淋、车辆轮胎碾压、周期性的热胀冷缩和道路碎裂等因素会产生自然老化、标线碎裂等现象。少施划或者不施划现象较为普遍，给安全行车带来很大的隐患。如图54：

图54

四、道路交通诱导系统的日常维护

交通诱导屏面向公众发布实时、准确、可靠的信息，为了保证交通诱导屏工作的稳定性与可靠性，需要交通民警定期开展维护工作。

以下是日常维护工作中常见的问题。

（一）花屏、错屏

最常见的系统故障，通常重启系统后就可以修复。如图55：

图 55

（二）显示颜色不合理

交通信息的发布主要是面向动态行驶中的车辆驾驶人。而行驶中的车辆在可视距离内的停留时间很短，因此实时变化的信息通常采用红、绿、黄三色显示，而固定不变的信息，如道路名称则采用白色显示，如果采取其他颜色就有可能适得其反。如图 56：

图 56

第二节　道路交通设施监控平台

为了进一步完善交通设施运维管理，上海市交警总队开发并加强“交通设施报修监管信息平台”应用，推进平台两级管理改造，指导各交警支（大）队建立自管交通设施抢修养护机制。平均每个季度，利用平台落实抢修1600起、养护1400起，增设、优化道路交通设施100处。道路交通设施监控平台能够更好地统计城市道路交通设施的基本情况与维护状态，对整个道路交通组织实施起到有力的支撑作用。

以下将对平台操作流程进行介绍：

1. 打开浏览器，输入交通设施报修监管信息平台地址（http：//10.14.33.13：7001/ssgl/welcome.jsp），登录页面。如图57：

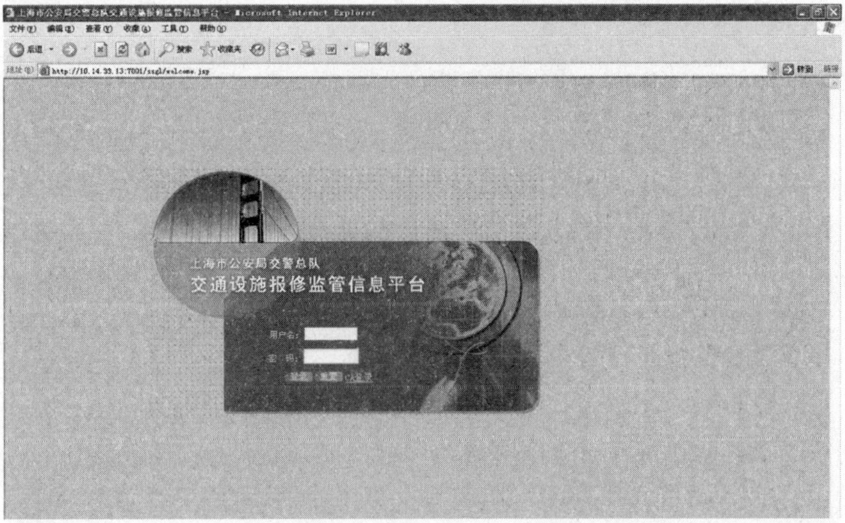

图57

2. 在网上平台页面中输入用户名与密码，进入平台首页。如图58：

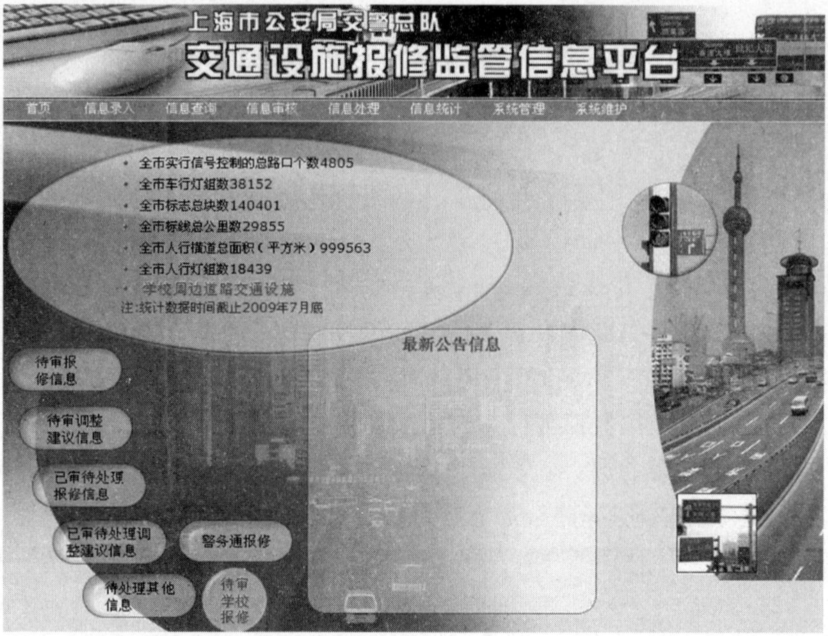

图 58

3. 在平台首页的标题栏中选择信息录入。如图 59：

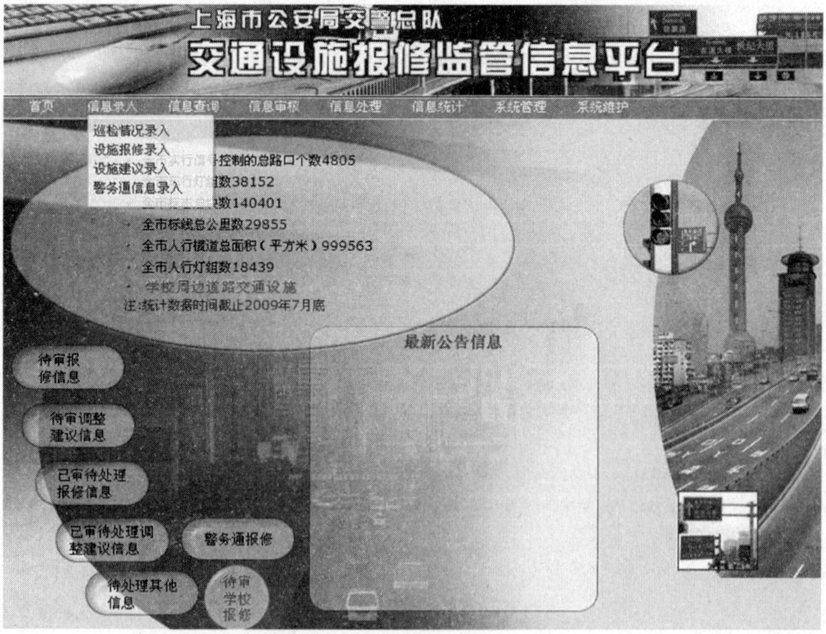

图 59

4. 对某地区的交通标志（含杆）、标线、信号灯进行维护、抢修的，在信息录入中选择设施报修录入。如图 60：

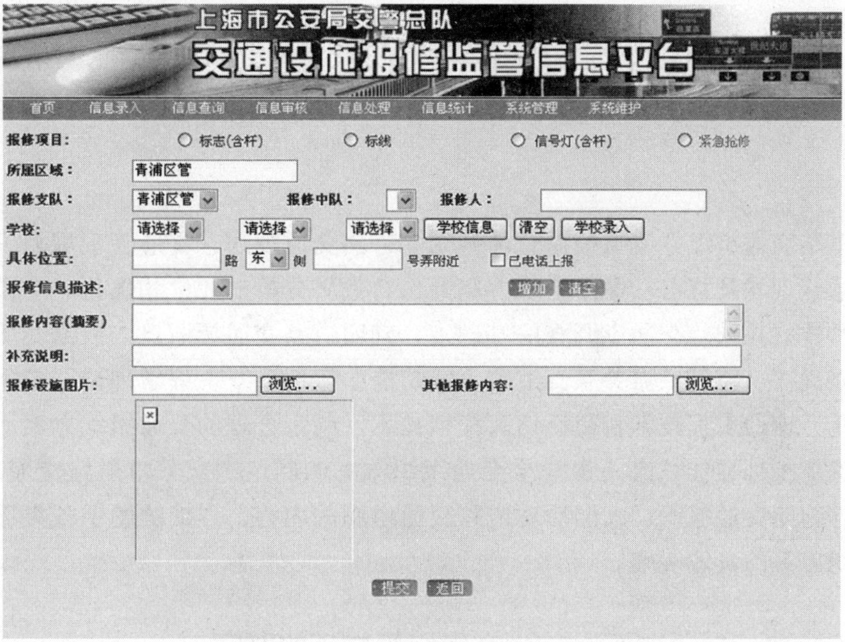

图 60

第四章　道路交通组织方案实施

道路交通组织方案是根据总体规划、道路交通规划、交通管理规划等，分析交通流现状及特点，提出组织方案并进行效果分析、评价和优化。交通组织优化是建立在现状交通流调查的基础上，判明道路交通矛盾点，依据交通流时空分布规律、路网供需关系、道路等级功能，运用系统工程学理论、交通流分配理论、交通工程技术和交通仿真模拟技术，制定合理的交通组织方案，寻求路网性能指标最佳状态。本章从交通组织方案的制定到交叉口道路交通组织、道路网道路交通组织、大型活动道路交通组织的内容，详细阐述了各类道路交通组织方案的具体实施。

第一节　交通组织方案的制定

一、交通组织方案制定的原则

（一）思想指导类原则

1. 换位思维原则。交通组织调整，特别是单行、禁左、禁限措施的调整，在方案实施前，首先要站在禁限对象的角度查找是否有时空出路。你能找到的出路，禁限对象同样也能找到。大家都找到相同的时空出路，交通压力就会向该时间段或空间点转移，此时应考虑该点的承受能力以及有可能引发的问题，以此来调整完善交通组织方案。因此，换位思维是交通组织的基本思想方法，掌握了这个思想方法，就掌握了禁限组织和交通压力转移的内在联系，也就掌握了交通组织调整的主动权。

2. 以人为本，方便出行原则。交通组织不应以方便管理为出发点，而应以方便大多数人出行为准则。在交通供需倒置的条件下，不同种类交通流在使用同一路面时都对通行条件提出需求，而这些需求又都是相互矛盾的，要求我们按行人、非机动车、机动车通行时的规律特点进行交通组织，即混合交通组织，而不应只考虑机动车交通组织，忽略行人非机动车交通组织。首先应以弱势群体的安全为基点，按照行人、骑车人、司机的心理和行为特点，在尽可能照顾行人、骑车人的前提下，进行混合交通的综合交通组织。

3. 通行能力资源配置原则。这是道路交通组织的基础，源于管理学中的“木桶原理”，即长短不齐的木片箍成木桶，桶内盛水的多少取决于最短木片。长短木片代表道路不同路口的通行能力，桶内盛水代表道路所能通过的最大车流量，即对一条道路进行交通组织，要以该条道路上通行能力最小的路口为基准，其他路口通向该路口流向上的通行能力，不得超过该路口相关方向的最大通行能力，否则必将因积累快消散慢发生交通拥堵。通行能力资源配置的核心是上下游相同流向通行能力匹配问题，也就是上游路口最大通行能力应取决于下游路口所能提供的最大通行调控能力。

4. 路权分配原则。通行能力分配的实质是路权分配。路权分配不仅要为管理者创造执法条件，更重要的是要让不同的交通行为人看懂各自的时间路权和空间路权。让交通行为人看懂路权是改善道路交通秩序的基础。没有一个完善的路权分配方案和路权表现方式，群众的交通素质就不可能有大的提高。设施是路权的表现形式，法规是路权的划分手段。路权分配得清楚，表现得简单明了，交通民警执法才不会出现纠纷，交通秩序才会有根本性好转。

5. 动静态交通组织相结合原则。在路网静态通行能力资源配置基础上，根据路网各节点流量负荷，进行流量流向的动态调整，即通过不同节点的交通压力转移来达到路网交通压力均分的目的，减少交通拥堵发生的机会。越是拥堵的道路，越应该加强路网的动态调控能力。单纯静态的交通组织方式，已不适应社会经济动态发展的需要。

6. 渐变原则。交通组织调整应按调整作用力度大小循序渐进，切不可“杀鸡用牛刀”。选取调整方式的顺序依次为调信号配时、调渠化车道、调禁限流向、调禁限车种。调整的标准应为“通向不畅”。对于实行禁限措施或进行流向调整的措施，在实施前，应广泛宣传，减轻实施的社会压力。

（二）工程技术类原则

在进行交通管理规划与组织方案设计的过程中，在组织、疏导道路网络上的交通流时，应贯彻以下几个原则：

1. 交通分离原则。交通分离的方法大致可以分为以下四种：

（1）不同车种的交通分离。包括公交专用道、BRT 车道、自行车道、设机非分隔带等。

（2）不同方向车辆的交通分离。包括设中央隔离带、设中央隔离护栏、设中心分离线、变双向交通为单向交通等。

（3）不同车速车辆的交通分离。包括大型车专用道、小型车专用道等。

（4）动态交通与静态交通的交通分离。

2. 控制和调节原则。综合运用多种策略、措施，从时间、方向、道路功能等方面来对交通量进行控制和调节。例如，设置单行线、路线的限时限车种通行、繁华商业区禁止货车通过等。

3. 按交通性质疏导的原则。即对不同交通性质的车辆有区别地进行引导限制。例如，对客运交通、货运交通分别考虑，客运交通优先，开辟过境路线，引导过境交通避开市区等。

4. 交通连续的原则。即为了提高道路交通运行效率，把不同的交通方式有机地联系起来，或者使同一种交通方式不间断地运行，在时间或空间上保持交通运输全过程的连续性。

5. 公共交通优先原则。在世界范围内，公共交通优先已经成为城市交通发展的主题。具体到我国的实际情况，优先发展大容量、高效率的公共交通则是解决道路交通问题的唯一出路。因此，必须对公共交通的发展提供明确的优先政策和技术措施，如政府对公交发展提供补贴、设置公交专用道等。

6. 交通流量均分的原则。

（1）时间上的流量均分。包括采取错时上班制、弹性工作制、分区分系统休假日、夜间货运、限时通行等措施。

（2）空间上的流量均分。包括调整公交线路的走向和站点位置、用旁路吸引过境交通流、合理布局商业文体活动的网点、标志疏导和诱导等措施。

二、交通组织方案制定的步骤

（一）交通现状分析

把握城市的交通现状，是分析对策和制定交通组织方案的重要前提。通过交通调查，反映出城市道路网中可能存在两种交通问题：一种是城市的大部分区域都存在交通拥挤，道路和交叉路口的负荷都较大，车辆延误是普遍存在的；另一种是只有一个（如中心商业区）或局部区域拥堵，而其他区域交通状况良好。对于第一种情况，交通问题是严重的，解决这样的问题，往往涉及大的策略和宏观措施，如规划建设新的道路、拓宽道路、平交改立交、交通需求管理等。在采取技术措施提高道路通行能力的同时，配合管理措施，利用新的交通组织与管理手段，使设施充分发挥功能。对于第二种情况，常常采用管理手段，重新进行交通组织，充分挖掘路网潜力，把拥挤路段和交叉路口的车流调整到其他未充分利用的路段和交叉路口上，使交通流分布合理。

（二）方案制定

交通组织方案的制定是一个较为复杂的过程。人的知识水平和经验在方案形成中具有重要作用。制定方案应遵循以下基本原则：

1. 熟悉各种交通组织措施的特点、作用和适用范围。每一项交通组织措施都有其各自的用途，针对局部范围存在的交通问题，选择适当的交通组织措施是非常重要的。

2. 从大局入手，构建路网的概念。交通组织涉及不同的地域和不同的措施，因此，规划应从整个路网出发，而不能拘泥于各种措施的设置条件。例如，设单行道不一定总是寻找平行成对、相距较近的狭窄道路，而应该考虑相关区域中的双向交通流量比，配备两个方向的单行道数量，使所设置的单行道形成单行网络。

3. 专用道在先，其次单行道，最后是交叉路口禁左右措施。由于专用道影响范围较大，因此，不妨先注重组织专用道路系统。根据道路的宽度与功能以及土地利用与开发情况，形成机动车、客车、货车、公交车、非机动车等专用道网络系统。在专用道系统规划完成，彻底分离不同车种、车流后，再考虑制定单行道系统。交叉路口禁左右涉及的范围一般较小，可以在规划完专用道和单行道之后，根据评价结果，再选择一些拥堵严重的交叉路口考虑禁左右措施。

4. 逐步规划、修改和完善。交通组织方案不可能一次就规划得很完美，每次方案形成之后，需要对其可能产生的后果予以评估，然后根据评估结果进一步修改原来的方案，经过多次修改、完善，逐渐达到最优。

（三）交通流分配

交通组织方案的实施，就是要将道路网内的交通流进行重新分配。其主要包括数据准备和交通量分配两个步骤。

1. 数据准备。数据准备包括路段和交叉路口的几何尺寸、通行能力、车道设置情况、信号交叉路口的信号配时、交通流运行速度、各种出行方式和类型的 OD（起讫点）调查数据等。

2. 交通量分配。交通量分配就是把 OD 交通量分配到路网上。分配原则是假设出行者从起点到终点出行都倾向于选择时间（或费用、距离、综合费用）最短的路线。分配方法有以下几种。

（1）全有全无分配法。只考虑出行的最短路径，不考虑路段的容量，路段的运行时间是固定不变的。结果可能是有些路段分配到的交通流量超出了通行能力。

（2）容量限制分配法。容量限制分配法又称平衡分配法，是在全有全无分配法的基础上考虑了道路通行能力的限制作用。其实质是一种自适应循环分配法。

（3）多路径概率分配法。多路径概率分配法又称随机分配法，即认为不论多么没有吸引力的道路，总会有出行者选择，这与实际情况吻合。

（四）效果评价

交通流分配后，可以根据评价指标，对交通组织方案的优劣进行评价。主要评价指标如下：

1. 交通总量。把各交通组织方案可能产生的交通总量与现有交通总量作比较，根据预测的削减交通总量评价方案的实施效果。

2. 服务水平。将各道路和交叉路口的实际服务水平与设计服务水平相比较，看哪些路段和交叉路口达不到设计服务水平，哪些还未被充分利用，进而形成一个或几个总体性指标，以反映交通组织方案对路网充分利用情况。

3. 运行时间。城市道路上运行时间主要由交叉路口控制，把方案产生的运行时间与原来的运行时间相比较，可以看出改进效果。

4. 其他指标。例如，公交线路长度、车辆绕行距离、公交乘客步行距离等。

对方案的评价要综合考虑各项指标的情况，考察其总体效果。对不满意的方案需要进一步修改、完善，直至达到总体最佳，才能作为最终交通组织规划方案。

第二节　交叉路口道路交通组织

一、交叉路口道路交通组织概要

交叉路口道路交通组织是以交叉路口功能区为主体，必要时利用交叉路口周边可用土地以及局域路网，对交叉路口及其周边路网的交通运行方案进行设计。

（一）交叉路口道路交通组织的基本要求

交叉路口道路交通组织的基本要求有三个，即保证交通安全、提高交通运行效率和维护交通秩序。

1. 保证交通安全。从理论上讲，交叉路口在整个道路系统中是最危险区域。这是因为，相对于路段，交叉路口存在着密集的冲突点。这些冲突点，有些是机动车各个交通流方向之间（如转弯交通流与直行交通流、直行交通流与直行交通流、左转弯与右转弯交通流）形成的，有些是不同出行方式之间（如机动车与非机动车、机动车与行人）形成的。交叉路口道路交通组织的基本要求之一就是尽力消除或减少交叉路口的各种冲突点。交叉路口冲突点越少，交叉路口越安全。

从实践上看，有些交叉路口已经呈现严重的交通安全问题，交通伤害事故频发，甚至成为整个辖区的交通事故"黑点"。这时的交叉路口道路交通组织就是对问题交叉路口进行交通安全分析，找出交通安全隐患，制定并实施交叉路口交通安全对策。

2. 提高交通运行效率。交叉路口道路交通组织的基本要求之一是从道路用户的角度出发，减少交叉路口交通延误，可以在很大程度上减少出行者的出行时间。特别是在拥挤的道路交通系统中，交叉路口延误在整个出行时间中所占的比例较大。减少交叉路口延误，可以从根本上提高对道路用户的服务质量。交叉路口道路交通组织的基本要求之二是尽可能提高交叉路口交通运行效率。

3. 维护交通秩序。交叉路口交通秩序水平直接关系到交叉路口的交通安全与交通运行效率。良好的交通秩序水平，主要体现在各种出行方式或各个交通流方向之间在通过各个可能冲突点时通行关系明确，相互之间的协调性很好。通过交叉路口道路交通组织可以明确交叉路口的各种通行关系，并且在一定程度上防止车辆或行人出现不协调或危险的交通行为，从而维护交叉路口交通秩序。

（二）确保交叉路口交通安全的交通组织

1. 交叉路口附近出入口管理。交叉路口及其附近的旁路可能会使驾驶人利用交叉路口时造成混乱，并造成车辆与车辆之间的冲突。有效的出入口管理是改善非灯控交叉路口附近交通状况的关键。

（1）封闭或重新布局交叉路口附近的旁路。出入口管理的关键是封闭或重新安置交叉路口附近的旁路。一般不希望在交叉路口的上游或下游 75 米之内存在出入口。一般来说，与交叉路口相邻地产已经有别的出入口时，应封闭旁路；

如果没有别的旁路，应当重新安置。一般应将交叉路口主干道进口道上的出入口迁移到次要道路进口道并远离该交叉路口，或者转移到另外的街道或辅路。

（2）限制旁路转弯。当临近非灯控交叉路口，具有大交通量街道上的旁路不能够封闭或迁移时，可以限制该旁路的转弯交通。例如，可以限制该旁路的左转弯交通，并且使旁路交通局限于右转弯进入、右转弯驶出。另外，可以允许一条特定旁路的转弯交通进入一房地产，但从该地产驶出的转弯交通应当转移到另外一条旁路上去。换句话说，旁路的使用可以限制在一天中的特定时间。

这些限制可以通过设置交通标志、在进入主要干道的旁路方向渠化交通岛、重新设计一个地产内的内循环模式以及在主要城市街道上设置中央隔离带来实现，或者将上述方法相结合。

2. 改善交叉路口的视距。由于驾驶人在接近交叉路口过程中或停在交叉路口进口道上时视距受限，非灯控交叉路口会出现交通事故。在交叉路口的每个象限提供无遮挡的视距三角形，可以使与视觉障碍相关事故发生的可能性达到最小化。

（1）停车或减速让行交叉路口进口道的无遮挡视距三角形。驾驶人在停车让行或减速让行交叉路口进口道具有适当的视距，长期以来被认为是非灯控交叉路口安全最为重要的因素。

（2）消除中央隔离带上的视觉障碍物。在设有中央隔离带公路上的交叉路口，一个特别值得关注的问题就是位于公路中央隔离带上的视觉障碍物。这样的障碍物限制了驾驶人的视距。视距障碍可能包括植物、路侧附属物或其他自然的和人工的物体。如果这类物体是发育成熟的树木，那么就提升到了环境问题。

（3）改变交叉路口进口道的平面线形或纵断面线形。这种策略要应对费用昂贵的几何改进，涉及平面线形和纵断面线形的改变。这种策略一般仅在交叉路口具有顽固类型的事故，借助不太昂贵的方法又不能改善的情况下使用。

（4）排除限制视距的停车。尽管在几何设计上交叉路口可能具有适当的视距，但是在视距三角形内的停车可能限制了视距，因此应当考虑停车对交叉路口视距的影响，且有必要对交叉路口停车秩序进行管理。

3. 改善非灯控交叉路口对车流间隙的可获得性。在非灯控交叉路口发生的一些事故，是由于驾驶人作出穿行交叉路口决策之前很难判断间隙的大小。当迎面来车接近时，已经停车等候迎面交通流的驾驶人经常选择前进，于是增加了事故的可能性。

（1）提供自动实时系统，向驾驶人通报转弯与横穿动作所需要的可获得间隙的适合性。

非灯控交叉路口缺乏适当的视距，可能会降低驾驶人发现进入交叉路口车辆以及当车辆从次要道路方向转弯或横穿主要道路时，对适当的可获得间隙进行判断的能力。即使在视距适当的情形下，驾驶人也有可能会忽视类似停车让行或减速让行这类的交通控制设施，错误地判断交通流中可利用的间隙。于是，因为驾驶人不能够恰当地判断一辆正在进入交叉路口车辆的距离，所以就有可能发生交叉路口事故。自动系统可用来帮助驾驶人在从停车让行或减速让行进口道上进入主要道路过程中判断主要道路交通流中可获得间隙的恰当性。这样的系统可以基于简单控制算法，由路面环形线圈交通检测器和闪光信号灯构成，也可以是更为复杂的实时计算机控制系统。

（2）提供路侧标记或路面标线，帮助驾驶人判断转弯动作和横穿动作所需要的可获得间隙的适当性。

非灯控交叉路口缺乏适当的视距可能降低驾驶人发现接近交叉路口车辆的能力，或者降低对转弯和横穿所需要的适当的可获得间隙的判断能力。即使视距适当，驾驶人也可能忽略类似停车让行或减速让行这样的交通控制设施，并且可能会错误地判断交通流中的可获得间隙。于是，因为驾驶人不能够合理地判断一辆接近交叉路口车辆的距离和时间，就可能会发生交叉路口事故。

当一辆正在接近交叉路口的车辆与交叉路口之间距离比标志指示还要近时，就不要前进。这需要通过设置标志或公众教育运动来告知驾驶人。这个策略被认为是实验性的。

（3）对相邻交叉路口重新进行信号配时，以在停车让行交叉路口创建间隙。在某些非灯控交叉路口进行转弯动作是有困难的，这是因为在直行交通流中缺乏足够的大间隙。间隙的缺乏可能使一些急躁的驾驶人接受比安全转弯动作所需间隙短的间隙，从而导致转弯时发生交通事故。如果较长的间隙是可获得的，那么这样的事故是可以最小化的。提供较长间隙的一个方法，就是对相邻交叉路口的交通信号重新配时，从而在非灯控交叉路口为转弯交通创建较大的间隙。重新进行信号配时，这个过程也会涉及重新进行相位设计。

4. 改善交叉路口及信号控制状态的视认性。一些交叉路口事故的发生，是由于至少一个驾驶人在接近交叉路口的过程中未意识到该交叉路口，以至于发现交叉路口太晚而难以避免事故。这就是非灯控交叉路口高速进口道的一个特殊问题。改善标志、标线和信号灯的设置，有助于提示驾驶人注意交叉路口。

在某些情形下，其他措施不奏效，隆声带可以用来引起驾驶人的注意力。

（1）通过提供加强的标志与标线，改善交叉路口的可见性。许多非灯控交叉路口对正在接近交叉路口的驾驶人来说可见性差，特别是不受停车让行或减速让行标志控制的主要道路进口道上的驾驶人。于是，正在接近交叉路口的驾驶人可能未意识到交叉路口的存在，故发生交通事故。交叉路口的可见以及驾驶人在接近交叉路口过程中对交叉路口的觉察性可以通过设置标志和标线得到强化。这些改善措施包括预告标志、预告街道名称标志、警告标志、路面标线以及安装在立柱上的轮廓标。

预告性警告标志，如标准的交叉路口警告标志也可以提醒驾驶人注意交叉路口的存在。将交叉路口处的路面标线，如中心线、车道线、边缘线等用虚线表示，也可以用来提醒驾驶人注意交叉路口的存在。

（2）通过提供照明，改进交叉路口的可见性。提供交叉路口的照明，或者在交叉路口以及交叉路口进口道提供照明，可以使驾驶人意识到交叉路口的存在，从而减少夜间事故。

（3）在交叉路口次要道路进口道上设置分离岛。许多非灯控交叉路口，对正在接近交叉路口的驾驶人来说是不可见的。由于不止一个驾驶人不能够觉察到交叉路口，于是发生交叉路口事故。分离岛可以安装在次要道路进口道，以使驾驶人注意到交叉路口的存在，并指示车辆通过交叉路口。分离岛指的是分离对向交通流的渠化交通岛，与分离同方向合流或分流交通流的交通道正好相反。分离交通岛特别适合于斜交交叉路口的进口道。

（4）在次要道路进口道上提供较宽的停止线。在非灯控交叉路口次要道路方向进口道上提供可见的停车让行线，可以帮助驾驶人注意到交叉路口的存在。在停车让行线已经存在的情况下，可以考虑提供较宽的停车让行线。

（5）设置大尺寸禁令标志与警告标志。交叉路口的可见性以及正在接近交叉路口驾驶人对交叉路口的觉察性，可通过设置较大尺寸的禁令标志和警告标志得到提高。这类改善措施包括预告标志、警告标志、路面标线以及安装在支柱上的轮廓标。

（6）通过在交叉路口进口道设置隆声带使驾驶人注意到交叉路口。隆声带可以设置在交叉路口进口道，以使驾驶人注意到交叉路口的存在以及在该交叉路口使用的交通控制方式。隆声带特别适用于停车让行控制的交叉路口进口道，该交叉路口所发生的交通事故与驾驶人缺乏对停车让行标志存在性的识别有关。隆声带使用应当节制。它的效果依赖于不寻常性，类似“前方停车让行”这样的标志、标线，或者闪烁装置，已经尝试并且在防止某类事故方面是失败的情况下，就可应用隆声带。隆声带可用于对这些交通控制设施的补充。例如，当驾驶人横穿隆声带时，类似“前方停车让行”标志这种关键交通控制装置会直接进入驾驶人的视野中。

（7）在设有中央隔离带公路交叉路口的主要道路方向施划虚线线形的路面标线（延伸行车方向左侧边缘线）。提供虚线路面标线（延伸行车方向左侧边缘线），以明确设有中央隔离带公路交叉路口在中央隔离带处车行道区域，有助于从直行车行道中分离出中央隔离带处的车行道，可提高驾驶人在接近非灯控交叉路口过程中对交叉路口存在性的觉察能力。

（8）提供补充的、安装在车行道上方的停车让行标志。许多停车让行控制的交叉路口处的停车让行标志对正接近交叉路口的驾驶人来说，是不容易被发现的，由于几何状况、植物或其他物体（如高大的车辆）的存在，可能限制对常规停车让行标志的瞭望。由于接近交叉路口驾驶人可能未觉察到该交叉路口的停车让行标志的存在，因而发生交叉路口事故。通过提供补充的、安装在车行道上方的停车让行标志，可提高停车让行标志的可见性以及接近交叉路口时驾驶人对这些标志的觉察能力。

这种情况应当是驾驶人（特别是次要道路上正在进入路口的驾驶人）在接近交叉路口过程中不容易看到的交叉路口停车让行标志。这种策略特别适用于由于驾驶人缺乏对交叉路口或停车让行标志的觉察，因而发生追尾事故、直角事故或转弯事故的交叉路口。

（9）提供具有补充信息的路面标线。提供具有补充信息的路面标线（如STOP AHEAD）可以帮助提醒驾驶人，从而提高正在接近交叉路口的驾驶人觉察交叉路口存在的能力。这些标线的施划可参照美国MUTCD指南。

（10）改善对停车让行标志的维护。停车让行标志必须高标准维护，以确保标志维持其有效性。根据MUTCD指南，停车让行标志必须保持在正确的方位，并一直保持干净清洁、易于辨认（白天和晚上）。损坏的标志应当及时更换。为了确保适当的维护，应当针对停车让行标志建立检查、清洁、更换的适当计划表。公路机构、交通警察和其他环境工作人员在公路上巡察时应当赋予其应有的职责，鼓励他们在第一时间报告任何被损坏、被遮挡的标志。特别要注意并采取必要的行动，树木、灌木丛或建筑材料不能遮挡停车让行标志，并且停车让行标志要呈现正确的反射性。

（11）在停车让行交叉路口安装闪烁灯标。头顶式闪烁灯标可在停车让行控制的交叉路口使用，作为对停车让行标志的补充，进一步强化驾驶人对停车让行标志的注意，并有助于减少与此行为相关的直角碰撞事故。

5. 选择适当的交叉路口控制方式。交叉路口选择的交通控制类型对交叉路口发生的事故次数与严重程度具有强大的影响。交通控制类型应当与交叉路口的布局和需要服务的交通流方向相适应。根据不同路口的情况，非灯控交叉路口的交通事故有可能比灯控交叉路口要少，因此，应当适当选择交通信号灯控制。

（1）避免在过境道路上采用信号灯控制。对非灯控交叉路口实施信号灯控制经常导致主要道路上的事故频次增加。以前相对安全和畅通的过境道路，因为信号灯控制会造成拥挤和事故的增加。因而，减少这类交叉路口事故的关键，就是要尽可能地避免安装交通信号灯。作为交通信号灯的替代方式，应当考虑两路停车让行控制、全路停车让行控制和环岛。

（2）在适当的交叉路口提供全路停车让行控制。全路停车让行控制为交叉路口提供了良好的交通秩序，降低了直行与转弯车辆的速度，使任何视距限制所引发的安全影响最小化，从而减少非灯控交叉路口的直角和转弯交通事故。不过，全路停车让行控制仅适用于该交叉路口各个进口道的交通量处于适当水平，而且彼此之间相对平衡。在其他状况下，全路停车让行控制可能会造成不必要的延误以及攻击驾驶行为（也就是故意忽视停车让行控制）。

（3）在适当的地点提供环岛。环岛是灯控交叉路口和全路停车让行控制交叉路口一个重要的替代方式。环岛交通的特点是正在进入环岛的车辆必须让行已经在环岛上的车辆。与灯控交叉路口或全路停车让行交叉路口相比，环岛可以较少地延误服务适当水平的交通量。这是因为在不停车的情况下能够正常穿行。

二、调整交叉路口信号相位及配时方案

经过调查统计发现，将城市道路相互连接起来构成道路交通网的城市道路平面交叉路口，是造成车流中断、事故增多、延误严重的问题所在，是城市交通运输的瓶颈。一般而言，交叉路口的通行能力要低于路段的通行能力，因此调整交叉路口相位及配时方法是保障交叉路口的交通安全和充分发挥交叉路口的通行效率的重要方法。

（一）调整交叉路口的信号相位

在空间上无法实现分离的地方（主要是在平面交叉路口上），为了避免不

同方向交通流之间的相互冲突，可以通过在时间上给各个方向交通流分配相应的通行权。例如，为了放行东西向的直行车流且同时避免南北向的直行、左转车流与其发生冲突，可以通过启亮东西向的绿色直行箭头灯将路口的通行权赋予东西向直行车流，启亮南北向的红灯消除南北向直行、左转车流对东西向直行车流通行的影响。

对于一组互不冲突的交通流同时获得通行权所对应的信号显示状态，我们将其称为信号相位，简称相位。可以看出，信号相位是根据交叉路口通行权在一个周期内的更迭来划分的。一个交通信号控制方案在一个周期内有几个信号相位，则称该信号控制方案为几相位的信号控制。下图就是一个采用四相位信号控制的控制方案。一个路口采用几相位的信号控制应由该路口的实际交通流状况决定，十字路口通常采用 2 ~4 个信号相位。如果相位数设计得太少，则不能有效地分配好路口通行权，路口容易出现交通混乱，交通安全性下降；如果相位数设计得太多，虽然路口的交通次序与安全性得到了改善，但由于相位之间进行转换时都会损失一部分通行时间，过多的相位数会导致路口的通行能力下降，延长司机在路口的等待时间。

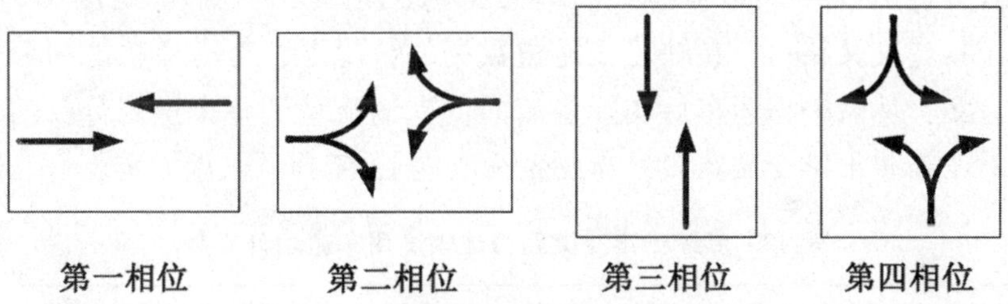

图 61　四相位信号控制方案实例图

为了保证能够安全地从一个信号相位切换到另一个信号相位，通常需要在两个相邻的信号相位之间设置一段过渡过程。例如，对于上图所示的信号控制方案而言，从第一信号相位切换到第二信号相位，中间可能需要设置东西向绿色直行箭头灯闪烁、东西向黄灯亮、路口所有方向红灯亮等过渡过程。对于某一时刻，路口各个方向各交通信号灯状态所组成的一组确定的灯色状态组合，称为控制步伐，不同的灯色状态组合对应不同的控制步伐。因此，一个信号相位通常包含有一个主要控制步伐和若干个过渡性控制步伐。控制步伐持续的时间称为步长，一般而言，主要控制步伐的步长由放行方向的交通量决定，过渡性控制步伐的步长取值为 2 ~3 秒。

（二）信号相位方案设计

交叉路口信号相位方案需要设计者以交叉路口特征及其交通流运行状况为基础，在综合考虑交通流运行效率、交叉路口交通安全以及交通参与者交通心理等因素后，进行精心细致的设计。信号相位方案设计虽然不拘泥于某些定式，但可以参照以下几条准则：

第一，信号相位必须同进口道车道渠化（即车道功能划分）同时设计。例如，当进口道较宽、左转车辆较多、需设左转专用相位时，应当设置左转专用车道，当进口道较窄、无左转专用车道时，则不能设置左转专用相位。

第二，有左转专用车道且平均每个信号周期内有 3 辆以上的左转车辆到达时，宜设置左转专用相位。

第三，在同一信号相位中，各相关进口道左转车每周期平均到达量相近时，宜采用双向左转专用相位（对向左转车流一起放行），否则宜采用单向左转专用相位（对向左转车流分别放行）。

第四，当信号相位中出现不均衡车流时，可以通过合理设置搭接车流（相当于设置交通信号的早断与滞后），最大程度地提高交叉路口的通行效率。

对于新建交叉路口，在缺乏交通量数据的情况下，对车道功能划分应先采用试用方案，然后根据通车后实际各流向的交通流量调整车道划分及信号相位方案。对于新建十字交叉路口，建议先选取表 12 所列的试用方案。

表 12　新建十字交叉路口建议试用车道划分方案

进口车道数	车道划分方案	信号相位方案	进口车道数	车道划分方案	信号相位方案
5		四相位	3		四相位
4		四相位	2		二相位

针对路口的具体交通流状况进行合理的信号相位设计，既要考虑减少冲突、防止碰撞、避免堵塞，又要考虑减少设备投入、提高通行效率。因此，合理设计信号相位是路口信号控制的关键之一。例如，倘若在不需要设置左转专用相位的路口设置了左转专用相位，就会导致既增加了设备投入（左转车道灯）又降低了路口通行效率。

在信号相位设计中，左转车流对相位的划分起着非常重要的作用，也是信号相位设计的重点难点。左转车流对信号相位的划分可以采用如下策略，首先，当左转车辆较少时（左转车辆可以利用直行车辆之间的空当左转），不需要为左转车辆提供专用相位；其次，当左转车辆较多时（左转车辆仅利用直行车辆之间的空当左转比较困难，容易引发车辆堵塞），需要为左转车辆提供专用相位（必须有左转专用车道）；再次，当单方向的左转车辆较多又不足以专设左转信号相位时，可以采用一种交通信号早断与滞后的设计方法，间接为左转车辆提供专用相位。归纳起来如表13所示：

表13　左转车流车道相位设置表

	车道设置	相位设置
双向左转车辆较少	双向左直合用车道	无须左转专用相位
双向左转车辆较多	双向左转专用车道	左转专用相位
单向左转车辆较多	单向左转专用车道	信号早断或滞后

相位信号的早断，是指将相位的绿灯时间划分为两个阶段，先放行与具有较大左转车流的方向相对的直行车流，再放行较大左转车流。相位信号的滞后，是指将相位的绿灯时间划分为两个阶段，先放行较大左转车流，再放行与具有较大左转车流的方向相对的直行车流。交通信号的早断与滞后的使用条件包括以下几方面：

第一，单向左转车辆较多；

第二，增设双向左转专用车道、设置左转专用信号相位不合算；

第三，左转车辆不能利用对向直行车辆之间的空当全部驶离交叉路口。

如表14所示的信号相位设计方案就是一个信号早断的例子。该十字交叉路口采用东—西，南—北两相位控制方式。在此，东进口左转车流量较大，西进口左转车流量较小，对于东—西相位而言，信号相位要划分为两个阶段，先放行西进口的各向车流和东进口的直行、右转车流，然后禁止西进口的各向车流，只允许东进口的各向车流通行，如表14所示：

表 14　信号早断相位设计方案

东—西相位		南—北相位
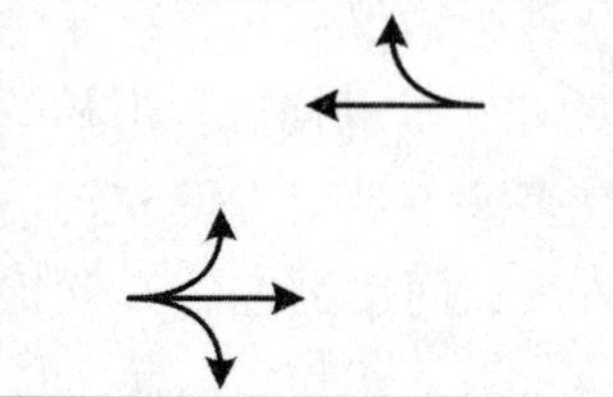	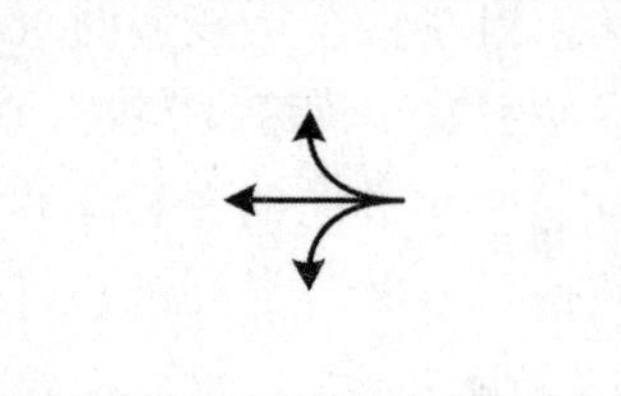	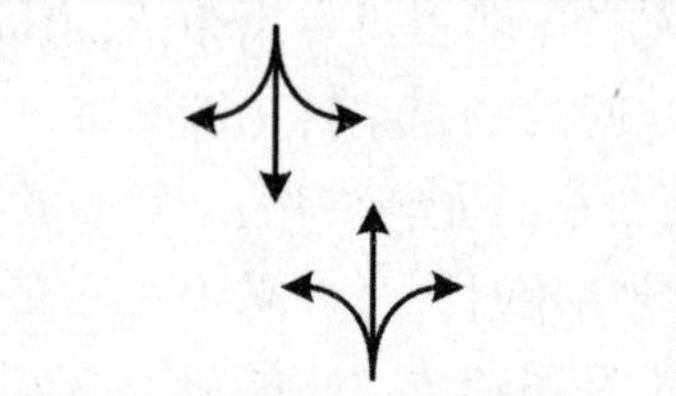

（三）调整交叉路口配时

1. 调整交通信号灯控制配时图。

（1）无全红（$r=0$）的两相位信号控制配时图：

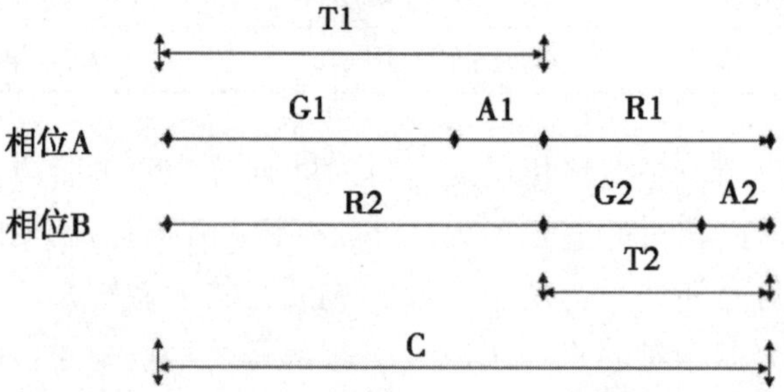

可见，信号周期由两个绿灯信号时段 T1 与 T2 组成，分别表示为：

$T1 = G1 + A1$

$T2 = G2 + A2$

$C = G1 + A1 + R1 = G2 + A2 + R2$

$C = T1 + T2 = (G1 + A1) + (G2 + A2) = (G1 + G2) + 2A$（设：$A1 = A2 = A$）

$= G + 2A$（$G = G1 + G2$）

式中：

$T1$ = 相位 A 绿灯信号灯时段（s）

$T2$ = 相位 B 绿灯信号灯时段（s）

C = 信号周期（s）

A = 黄灯时间（s）

$G1$ = 相位 A 绿灯信号灯时段（s）

$G2$ = 相位 B 绿灯信号灯时段（s）

R1 = 相位 A 红灯信号灯时段（s）

R2 = 相位 B 红灯信号灯时段（s）

G = 周期绿灯时间，G = G1 + G2

（2）无全红（r = 0）的三相位信号控制配时图：

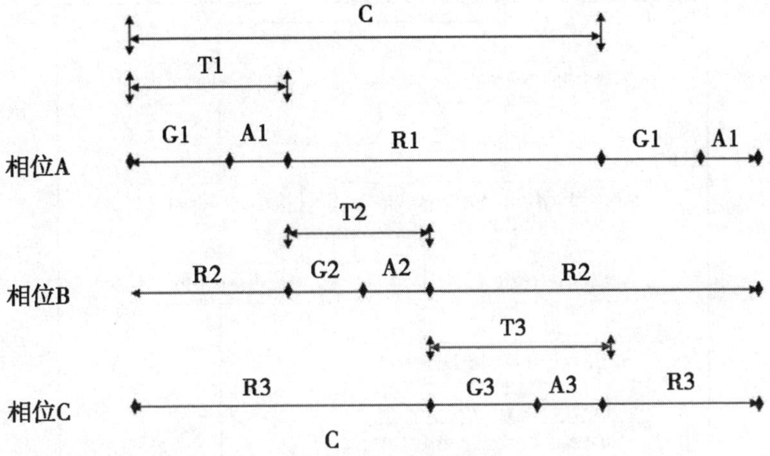

2. 合理设计上、下游路口信号灯配时，如图 62：

图 62

（1）下游路口车辆挤压较多，下游路口绿灯信号先亮；

（2）下游路口排队车辆不多，上游路口绿灯信号先亮；

（3）上游、下游路口间距较近，两个路口的绿灯同时亮。

3. 交通信号灯配时设计流程。交叉口定时信号配时设计流程如表 15 所示。在信号配时设计过程中，需要不断对设计方案进行论证，通过性能指标计算与实地交通调查，对信号控制方案进行修改和完善。

例如，当总的相位饱和度比 Y 较大时，说明进口道车道数目太少，通行能力无法满足实际流量的需求，此时需要考虑增加进口道车道数目，并重新划分车道功能（$y = \frac{q}{S}$，Y 较大说明 S 较小，难以满足实际流量的需求）。实际上，表 15 中对 $Y \leqslant 0.9$ 的限制等效于对各向车流提出了饱和度 $x_i < 0.9$ 的要求，读者可以尝试加以证明。

表 15　交叉口定时信号配时设计流程

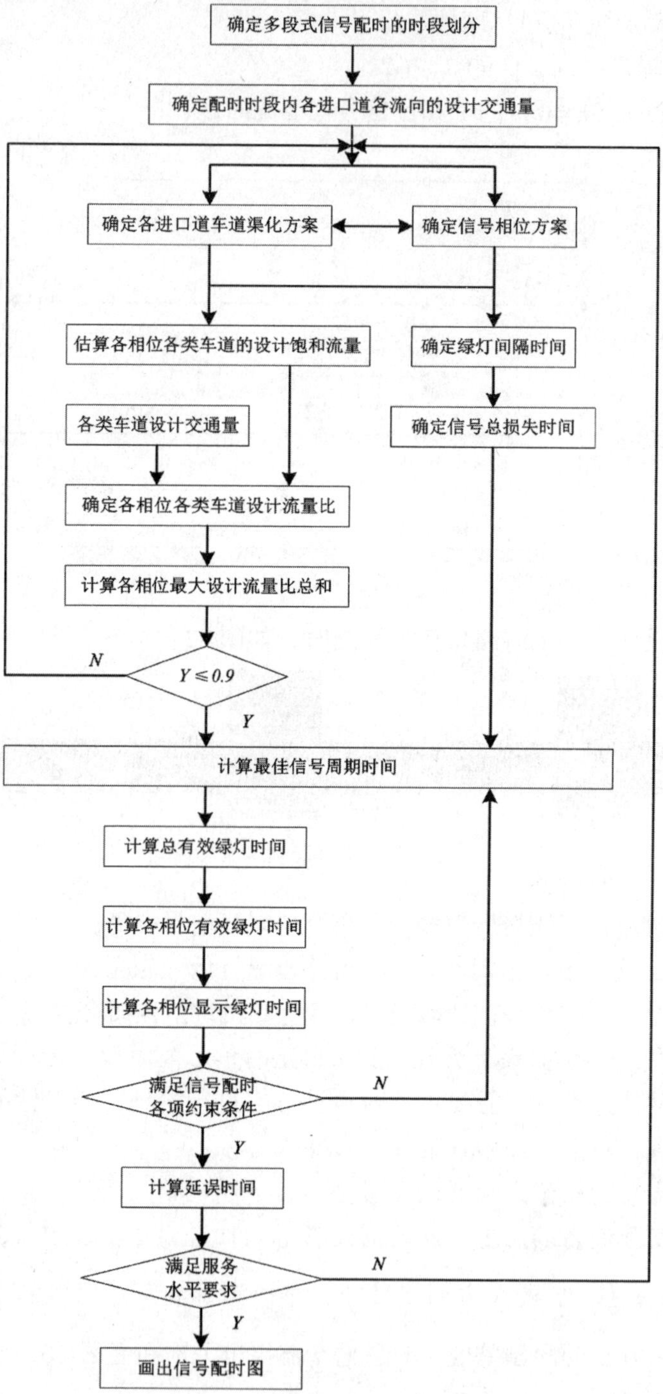

三、交叉路口渠化

交通渠化就是在道路上用交通标志、标线或用高出路面的各种岛状构造物，或利用路面漆刷成不同颜色，或利用护栏、分隔带、隔离墩及其他设施和方法，对行人和各种不同车型、不同方向、不同速度及不同运动状态的交通流进行引导、隔离和管制，使交通实体像渠内水流一样顺着一定的方向和线路，互不干扰且安全而有序地运行，以达到分离和控制交通流的目的。

（一）交通渠化的基本原则

交通渠化设计总体上要求有利于交通安全，可以提高通行能力和行车速度，减少延误和方便行车、行人。综合起来有如下七条基本的交通渠化原则。

1. 符合规范原则。交通渠化所设立的交通岛、划线、布墩以及各种标志，其位置、颜色、尺寸大小、形状、高度及划法等，均应严格按规范标准进行。

2. 满足交通需求原则。交叉路口交通岛规划应满足交通需求，并保证主流方向优先。类型相同的交叉路口采用不同的渠化方式，便可取得不同的渠化效果。渠化交叉路口的交通岛的种类、形状、布置和数量，不仅由交叉路口的类型和特点来决定，同时也应考虑交通需求。

3. 直角交叉原则。在交通流交叉时，应尽可能渠化成直角或近似直角交叉。

4. 小角度合流原则。以最小角度进行合流。交通流以10°~15°角合流时，合流速度差最小；在小角度与十线交通流进行合流时，可以利用小的车头间隔。

5. 简单明确原则。交叉路口的渠化设计应尽可能简单明确。避免交叉路口车流的复杂化，一般采用少量的大岛。岛的面积一般不小于7平方米，最好是大于10平方米。渠化的各种线标、导向岛、车道等，应尽可能使驾驶员在冲突区域只有唯一的选择和一次冲突，使行人和车辆的行驶路线明确、方便、直接，能够以最短的时间通过。

6. 保证视距原则。平面交叉路口渠化应充分保证各方向车辆和行人的视距。渠化范围内的绿化栽植和道路上的设施，均应以不阻挡视线为原则，以保证驾驶人和行人有足够的停车视距。

7. 缓和顺畅原则。渠化中的弯道设计应自然、顺畅。为保证转弯车流能逐渐减速，在用地条件允许的情况下，车道线形最好渠化成缓和曲线的形式，以适应车辆的行驶轨迹。变更车道处也应设置足够长的渐变段，以利于行车安全。

（二）交通渠化设计应注意的问题

1. 在同一信号相位，出口车道数应大于或等于进口车道数；

2. 路口自行车道进口要窄、出口要宽，以加大对自行车流的吸引力；

3. 应尽可能地利用路口有效空间面积，使冲突点相对固定和集中；

4. 如有条件，应尽可能增加进出口机动车道，以求和路段通行能力匹配；

5. 交叉路口进口处机动车和非机动车之间要有隔离，以减少机动车道的行驶阻力；

6. 在路口内要保证机动车有足够的行驶空间，以避免产生交通延误和交通事故；

7. 路段行车道要对着路口直行导向车道，并提高对路面车道的预示，以减少路段车辆并线变道；

8. 路口出口车道应划成连续车道，以减少车辆通过路口后的并线变道；

9. 结合路口放行方法，设置非机动车禁驶区或候驶区；

10. 结合信号相位设置左转弯待转区或导流线。

对于正规十字平交路口和T字平交路口的渠化和信号相位设置，应统一协调考虑。导向车道分不开流向的，信号相位也不分开，将导向车道中的流向设置在一个相位中。而导向车道可以分出专向流向的，如专左、专直、专右车道，则信号相位上可以设置专左相位、专直相位和右转专用相位。

但是，对于异形交叉路口，为减少路口内的冲突点，在进行路口交通组织中，利用单行、禁止左转弯（或直行）将路口流向进行合并，再进行渠化和信号相位一体化组织，组织的重点是路口内渠化。由于异形路口几何形状复杂，路口冲突点的位置不易确定，因此有必要通过路口内渠化明确各流向通过路口的空间路权，把冲突点固定下来后，再进行信号相位设计，明确各流向的时间路权，以便进行冲突控制，改善路口秩序。

在标准路口内的渠化内容有非机动车禁驶区、左转弯待转区和导流线的渠化，要注意渠化标线和信号相位的逻辑关系。例如，信号相位的相序是先放左转弯后直行，则与左转弯待转区渠化上出现法律矛盾。因左转弯待转区是让行流向，应该让对向直行车先行，但信号相位相序设置上是先放转弯后直行，在路口内渠化时就不应设置左转弯待转区，必要时可以加导流线规范行驶轨迹。

在非标准异形路口内的渠化，不能按照标准路口设置非机动车禁驶区和左转弯待转区，而应按照路口形状和各流向进出路口轨迹来确定渠化内容。由于路口畸形进口导向车道一般不会对着出口车道，就需要用导流线规范行驶轨迹，把车流流向能够顺畅地从导向车道引向路口出口。由于畸形路口内会出现大量的空余面积，因此导流线和导流带应配合流向箭头综合运用。为明确不同流向非机动车的空间路权，畸形路口一般采用空间分离法放行方式，让非机动车随机动车相位走。在路口内导流线或导流带渠化上，用自行车图案标注出非机动车的准行轨迹，做到同流向的机非分离。

（三）交通渠化时对行人、非机动车的考虑

平交路口的交通渠化，从广义上说不仅要解决车流之间的冲突，而且还要解决车流和人流之间的冲突，即车流要渠化，人流也要渠化，这样才会使车流畅通、人流安全。目前，在我国的道路交通中，平交路口处的自行车交通和行人过街交通是交通组织的难点，所以也应予以特别的关注。较常见的方法是在交通渠化的同时，在自行车流和人流集中的交叉路口或路段，结合修建自行车专用车道、行人过街横道、天桥或地下通道来强化交通渠化的效果。

1. 行人过街横道渠化要点：

（1）行人过街横道应设在车辆驾驶人容易看清楚的位置，尽可能靠近交叉路口，与行人的自然流向一致，并尽可能与车行道垂直。

（2）进出口机动车道达6条时，为缩短行人过街时间，确保行人过街安全，体现以人为本的宗旨，应在中间设置行人安全岛，其宽度应大于1米；为了减少右转机动车对相邻的两个进口道的行人过街交通的影响，其横道线不应相交，至少应留有停放一辆右转车的空间；当有中央分隔带的进口道，行人过街横道应设置在中央分隔带端部后退米，或中央分隔带应满足于此设计，可以为行人过街驻足提供安全保障。

（3）快速道路的过街设施必须修建人行天桥或地下通道，商业区道路交叉路口、城市主干道及进口道单向3车道以上且无中央分隔带的道路，应考虑规划行人过街天桥或地下通道。

（4）行人穿越城市主次干道的流量较大（指行人随车辆绿灯过街时，在车辆绿灯时间内不能完全通过的行人流量）而又不宜设置行人过街天桥或地下通道的交叉路口，在机动车流量又大于绿灯时间的饱和值时，可设行人过街专用相位（指各向车辆都不准通行，只准各向行人通行的信号相位），相位时长可视具体情况而定。

2. 非机动车交通处理：

（1）当交叉路口左转非机动车的流量较大且用地条件许可时，宜采用非机动车两次过街的方式处理；左转非机动车待行区的设计，应在面积上满足非机动车停车的需要，位置上应保证非机动车的安全，并符合其行驶轨迹的要求，且不应影响其他各类交通流的通行。

(2) 当左转非机动车的流量较小时，可利用行人过街横道两次过街；行人过街横道需相应增加必要的宽度。

(3) 在右转非机动车流量较大且交叉路口用地条件许可时，应给右转非机动车交通流划出专用通行区或通行车道，以绿化岛、交通岛或隔离墩等与其他非机动车的行驶空间加以区分。

(四) 平面交叉路口渠化的其他方式

1. 设置导流线。导流线表示车辆需按规定的路线行驶，不得压线或越线行驶。主要用于过宽、不规则或行驶条件复杂的交叉路口等特殊地点。变更车道施划的斜纹线，俗称“鱼肚线”，是导流线的一种形式，它可以有效提示最内侧车道内的车辆注意：前方即将进入导向车道，注意减速并选择合适的车道，如左转、掉头或直行。

2. 设置网状线。网状线用以告示驾驶人禁止在设置本标线的交叉路口（或其他出入口）内临时停车，防止交通阻塞。靠近路口的路段都划有网状线，普通机动车可以便捷右转弯行驶，合理规避与公交车的争路抢路现象。

(五) 平面交叉路口的拓宽渠化

平面交叉路口拓宽渠化是一种投资少、效果好、简单易行的路口交通改善措施。特别是结合小区改造或道路改建进行，会收到更好的效果。一般来说，拓宽渠化后，通行能力可提高 30% ~50% 。

1. 拓宽渠化的方式。主要有对进口车道的右侧予以拓宽，增设右转弯车道；对进口车道的左侧予以拓宽，利用中央分隔带，包括使中心线偏移部分宽度或占用对向的车行道部分宽度，增加左转弯车道；对进口道的左、右两侧同时拓宽，即在进口断面上设左、右转弯专用车道和若干直行车道。

2. 拓宽渠化的设计内容。

(1) 左转弯车道的设计。无论是新建交叉路口还是对已有交叉路口的改良，都应非常重视左转车的通行情况。因为在交叉路口内，如果左转车由于对向直行车而停止，则后续车为了避免受阻就不得不进行车道变更，这将导致交叉路口的通行能力下降，发生交通阻塞或引起交通事故。为了消除这种左转车的影响，基本思路是将左转交通与直行交通分离。具体做法就是设置左转车专用车道。设置条件关键取决于绿灯信号时间能够通过交叉路口的左转车辆数，同时也应考虑交叉路口内的停车数和信号控制条件。设置左转专用车道应注意以下几点：左转专用车道的设置方法应使得直行车无法轻易进入该车道；设置左转专用车道时，要尽可能有效地利用道路的路幅，确保左转专用车道的宽度，可采取车道中央线的移动、减少车道宽度以及去掉中央分离带等方法；利用非机动车道，可采用在行人较少的路段将非机动车道移到人行道上，占用其中的一部分，再把非机动车道让给机动车，但前提是该路段是行人较少的路段。

（2）右转弯车道的设计。右转专用车道要根据需要设置，当以右转交通为主流或者横过人行道者非常多、右转交通也非常多时，通常应设置右转专用车道。右转专用车道不像左转专用车道那样，只要有左转方向的交通就要设置。如上所述，其只有在右转车对交通的影响很大时才设置。当高等级的道路连接到交叉路口时（如城市过境道路连接到交叉路口时），右转弯车的通行速度往往较快，这时在交叉路口内，为了安全右转有必要使右转车减速。因此，可采取外加平行车道（一般适用于右转车流量在 30 辆/小时至 75 辆/小时的情况）、设置渠化岛的右转专用分离式车道（一般适用于右转弯车流量大于 75 辆/小时的情况）等方法设置右转弯车道。

（3）附加左转车道的设置。附加左转车道一般设在双车道的中间，作为左转车辆行进、减速和等候左转时的专用车道，使其不妨碍直行车辆正常通行。附加左转车道可适用于三岔或四岔交叉路口，根据左转弯车辆的多少，可在一部分岔道上设置，也可在每个岔道上设置。附加左转车道设置在公路上具有相当大的实际意义，尤其是在临近村镇的公路上，它解决了左转车的干扰，提高了通行能力，保持了主流方向的稳定。

（4）变速车道的设置。根据交通条件的要求区分加速车道和减速车道。其中，用以提高主要车流的行车速度的为加速车道；用以把车速降低到交叉路口允许的车速或完全停止的为控制车道。其作为支路的渠化方式同样是可取的。

3. 车道数目。平面交叉路口供分流行驶用的车道数，应根据路口流量和流向来确定。按不同的行驶方向，进口道的车道数不能多于出口道的车道数。如果交叉路口进口道的直行车道数是 3 条，则直进方向的出口道也需要 3 条以上的车道。同样，需要设置 2 条左转弯车道时，左转方向的出口道也需要 2 条以上的车道。如果出口道不能满足这个车道数的要求，就不应该设置 2 条左转弯车道。

当需要减少出口道数目时，应注意确保交叉路口流出交通流的通畅性。一般来说，出口道的车道数至少等于进口道的直行车道数（进口道的总车道数减去左转弯、右转弯的专用车道），当相交道路的右转或左转交通量较大时，出口道的车道数应作相应的增加。作为特殊情况，也有出口道的车道数少于进口道的直行车道数的，但其缺少值不得大于1，且仅可用于条件不得已的治理性交叉路口。

4. 车道宽度。

（1）交叉路口出口道的车道宽度，应与上游各进口道同一信号相位流入的最大进口道车道数相匹配，并按出口道总宽展宽。出口道每一车道不应小于3.5米，当渠化的治理性交叉路口条件受限制时，出口道车道数只可比上游进口道的直行车道数少1条，每一车道的宽度不应小于3.25米。实际应用时应注意以下几点：小型汽车直行导向车道2.8米/条，不得小于2.7米/条；混合专向直行车道2.8米/条至3.0米/条；混合专向左（或右）转车道3.0米/条；机动车及非机动车出口车道宽度大于或等于3.0米/条。

在这里需要注意的是，以上车道宽度为推荐值。国家标准规定，小型车道宽度为3.25米/条，大型车道宽度为3.75米/条，多指的是路段行车道。车道宽度与车身宽度、侧向安全距离和行驶车速有关。而路口导向车道处车速一般较低，故可以适当压缩车道宽度。一是可以强制降低车速，保证车辆通过路口时的交通安全；二是可以增加路口进口导向车道数量，提高路口的通行能力。经北京、上海、沈阳等大城市多年的实践，压缩车道宽度不会带来安全问题，但是要按照城市气候和环境特点来进行。对路面结冰期较长的城市，一般不主张采取压缩车道宽度的措施。

之所以要压缩导向车道宽度，一是为了安全，二是为了增加导向车道的条数。按照上海同济大学测算，当1条导向车道变为2条导向车道时，通过能力提高80%；2条变3条时提高24%；3条变4条时提高14%；4条变5条时提高8%；再增加导向车道条数，通行能力提高得更不明显。因此，在路口渠化时，尽可能增加导向车道条数，对提高路口通行能力很有帮助。若需要对一条道路通行能力进行匹配时，也可按照上述规律适当增减导向车道，就可以大大减少该条道路拥堵发生的机会。

（2）道路宽度与路口导向车道设置的关系：7米（不含）路宽以下道路，不划分道线，但在路口处应设让行标志和标线；宽7~12米（不含）路口，只施划停止线和中心分道线；宽12~18米（不含）路口，渠划应不少于1条机动车导向车道，当只渠划1条导向车道时，可以不设置导向箭头；宽18~24米（不含）路口，渠划应不少于2条机动车导向车道，根据该方向的流量数据设置相应导向箭头；宽24~30米（不含）路口，渠划应不少于3条机动车导向车道，根据该方向的流量数据设置相应导向箭头；宽30米（含）以上路口，渠划应不少于4条机动车导向车道，根据该方向的流量数据设置相应导向箭头。

5. 车道长度。渠化治理性交叉路口的最小进口道长度，是由2～4辆车的停车位和最小的渐变段所组成的，一般应结合交通流数据来确定，无交通流数据时可参考表16。

表16　车道长度参考值

路段计算行车速度（千米/小时）	最小长度（米）
60	60
50	50
40	40

四、渠化设计的基本流程

交通渠化设计是一个比较复杂的过程，需要在大量资料调查分析的基础上，按照一定的步骤进行设计。

1. 交通调查阶段。交通调查阶段的主要任务是对交叉路口和路段的几何构造、交通流量、交通设施、交叉路口的信号配时情况等进行细致调查。

2. 渠化设计阶段。渠化设计阶段的主要任务是分析已有渠化设计和交通组织方法存在的问题，有针对性地提出交叉路口和路段的渠化设计优化方案，为机动车、非机动车、行人等各种交通参与方式选取合适的渠化方法，并进行具体的渠化设计。

3. 方案确定阶段。对渠化设计方案进行仿真评估，对方案进行调整优化，最终生成最佳的渠化设计方案。

第三节　道路网交通组织

城市道路网交通组织的目的是使整个路网各处的交通负荷趋于一致，即交通负荷均衡。常用的方法有单向交通、变向交通和交通限制三种。通过学习，交通管理者不但能够熟悉道路网的基本组成结构，还能根据实际道路情况掌握道路网有效的组织实施办法。

一、单向交通

单向交通也称单行线，是指道路上的车辆只能按一个方向行驶的交通。单向交通是在城市道路交通系统中，解决城市交通拥堵，充分利用现有城市道路网容量的一种经济、有效的交通组织措施。据国内外的实践证明，合理实施单向交通对解决城市交通问题有很大帮助。

1. 单向交通的种类。

（1）固定式单向交通。对道路上的车辆在全部时间内都实行单向交通的，称为固定式单向交通。常用于一般辅助性的道路上，如立体交叉桥上的匝道交通多是固定式单向交通。

（2）定时式单向交通。对道路上的车辆在部分时间实行单向交通的，称为定时式单向交通。例如，城市道路交通在高峰时间内，规定道路上的车辆只能按重交通流方向单向行驶，而在非高峰时间内，则恢复双向运行。所谓重交通流方向，是指方向分布系数大于2/3 的车流方向。必须注意，实行定时式单向交通时，应给非重交通流方向的车流安排出路，否则会带来交通混乱。

（3）可逆性单向交通。可逆性单向交通，是指道路上的车辆在一部分时间内按一个方向行驶，而在另一部分时间内按相反方向行驶的交通。这种可逆性单向交通常用于车流流向具有明显不均匀性的道路上。其实施时间应依据全天的车流量及方向分布系数确定，一般当方向分布系数大于3/4 时，即可实行可逆性单向交通。要注意给非重交通流方向的车辆安排出路，以避免交通混乱。

（4）车种性单向交通。车种性单向交通，是指仅对某一类型的车辆实行单向交通的交通。这种单向交通常用于具有明显方向性以及对社会秩序、人民生活影响不大的车种，如货车。实行这种交通的同时，对公共汽车和自行车仍可维持双向交通，目的是充分利用现有的道路通行能力。例如，机动车单向通行，而非机动车双向通行；小汽车或货车单向通行，而公交车、自行车双向通行。

以上四种类型的单向交通，各自都有其明显的优点及明确的实施条件，在运用中，应紧密结合城市交通的实际情况加以合理选择。

2. 单向交通的优缺点。单向交通在路段上减少了与对向行车的可能冲突，在交叉路口上大量减少了冲突点，故单向交通在改善交通方面具有以下较为突出的优点：

（1）提高道路通行能力。由于单向交通减少了对向行车的可能冲突及削弱了快慢车之间的干扰，故道路通行能力将会有明显的提高。据有关统计资料表明，国外单行道可提高道路通行能力在 20%～80%之间，国内一般在 15%～50%之间。据美国资料表明，宽为 12 米的街道，在禁止路旁停车的情况下，双向交通的通行能力为 2800 辆/小时，单向交通的通行能力可达 3400 辆/小时，提高了 20%以上。

（2）减少交叉路口的冲突点。例如，两条双向车道的交叉路口，实行单向通行后冲突点从 16 个降到 4 个，仅为双向时的 25%。

（3）增加车辆行驶安全性。冲突点可被看成是交通事故可能发生的地点。由于单向交通能起到大量减少冲突点数目的作用，即一些交通事故的可能发生点将不存在，自然地，行车的安全性将会有明显的提高。例如，苏联实行单向交通的城市，事故平均减少了 20%～30%，有的减少了 50%以上。单向交通所发生的事故多为撞尾事故，形态较为单一，后果不会十分严重，故恶性事故率也将下降。此外，双向交通改成单向交通后，可消除对向来车的眩光影响，行人过街只需注意一个方向，事故率也会有所下降。

（4）提高车辆的运行速度，降低延误。实行单向交通可使行车速度得以提高、行程时间得以缩短，这些都已被实践所证明。例如，英国伦敦的一些街道实行单向交通后，平均行驶速度从 13～16 公里/小时提高到了 26～32 公里/小时；据苏联 20 个城市的单向交通调查资料表明，实施单向交通后，促使交通条件明显改善，车速提高了 10%～20%；美国实行单向交通的城市，其车速也提高了至少 20%。

（5）有利于解决停车问题。窄路上的双向交通如遇停车，就会引起交通阻塞，若能允许路旁停车，而将余下的道路改为单向交通，则能有效地解决窄路上停车困难及交通阻塞的问题。据美国的有关资料表明，在没有禁止路旁停车的情况下，12 米宽的街道单向交通的通行能力为 1600 辆/小时，双向交通的通行能力为 1250 辆/小时。为减轻复杂交叉路口的交通拥挤与混乱，若将进口道改为单向交通，则可减少交叉路口的停车次数，且汽车排气对空气的污染也会有所改善。

（6）有利于信号灯配置和管理。单向交通采用线控具有优越条件，其绿灯利用率比双向交通可提高 50%。

此外，单向交通可充分利用狭窄的街巷，弱化主干道上的交通负荷。在一定程度上避免了旧城道路的改建，能带来较大的经济效益。

但是，单向交通也有不利的一面，主要表现在以下几点：

（1）增加了部分车辆的绕行距离和经过交叉路口次数，从而增加了运行时间。由于绕行，增加了路网的交通流量。

（2）可能产生运行混乱，特别是外地驾驶人，不熟悉路况，容易迷路。

（3）给公共交通车辆和乘客带来不便，增加了步行距离。

（4）给道路两侧商业活动带来影响。由于实行单向交通，取消了对向车流，使人们不便到单行道两侧进行商业活动，从而影响商家的经济效益。

（5）单向交通的末端常常使交通组织复杂化，产生拥挤，路口间的节点容易发生堵塞现象。

综上所述，实行单向交通，既有有利的一面，也有不利的一面，应扬长避短。根据实际的道路和交通状况，通过科学的规划和合理有效的运用，充分发挥单向交通的正面效应，减少其负面影响。

3. 单向交通的实施条件。总的来说，单向交通对于改善交通条件，其优点多于缺点。但并非所有道路条件与交通条件都可以实施单向交通。根据国内外实行单向交通的经验表明，实行单向交通一般应具备以下条件：

（1）路网应有足够的密度。平行方向道路的间距不宜超过300～500米，并且道路的起点、终点大体相同，道路条件大致相当。在城市中心区的路网密度大且均匀的方格状道路系统中，堵头路和断头路少，并有密集的支路连接平行道路，这样组织的单行线才会好用，最适合实行单向交通。

（2）单向交通组织对于路宽要求不高，窄路只要能通过可考虑单行。两条平行道路的联络通道密度大，则平行主干道也可组织单向交通，一对平行单行主干道的通行能力远比两条平行双行主干道的通行能力大得多。

（3）车种应单一。车流中如有非机动车，也应随机动车一道实行单行。否则，非机动车双行时，路口内的冲突情况并未改善，冲突延误并未减少，路口信号仍需按双向进行配对，通行能力不会比双向交通提高多少。

（4）公交车和特种车辆也应单行。如果仅是社会车辆单行，公交车和特种车辆不单行，在路段上还要按双行保留车道，在路口还要按双行进行组织，则冲突点没有减少，通行能力没有提高，反而浪费了许多路面，实质上是降低了道路面积的使用率，造成其他道路的拥堵。因此，公交车和特种车辆也应单行。

（5）具有明显潮汐交通特性的街道，其宽度不足3车道的可实行可逆性单向交通；复杂的多路交叉路口，某些方向的交通另有出口的，才可将相应的进口道改为单向交通。

（6）当各条平行的横向街道的间距不大，车行道狭窄又不能拓宽，而交通流量很大造成严重交通阻塞时；当车行道的条数为奇数时；在复杂地形条件下或对向交通在陡坡上产生很大危险性等情况下，实施单向交通能取得很好的效果。

应当认识到，当现有的道路系统出现负荷过大但尚未到达超负荷之前，就应根据条件着手规划出完善、合理并设置易于识别的交通标志的单向交通系统。例如，在单向交通与双向交通的过渡段，提前设置预告标志、夜间照明及反光标志等。同时应该认识到，位于街道中心的有轨电车道是组织单向交通的严重障碍。

4. 单向交通的设置方法与管理。在设置单向交通时应注意以下几个方面：

（1）确定车流方向。除考虑与主流量的流向尽可能吻合外，还应考虑尽量减少与周围双向行车道上车流的交叉。

（2）起点、终点处理。单向交通街道的起点、终点是单向和双向交通的转换处，应适当加宽渠化，根据行车要求设置足够的标志、标线来引导交通，使驾驶人能一目了然并正确理解。

（3）公交线路的设置。在单向交通街道上行驶的公交车辆，原则上不安排逆向行车线路，在机动车道不宽或交通流量大的街道上，应设置港湾式停靠站。

（4）非机动车的处理。在机动车与非机动车混行的道路上，一般允许非机动车双向通行，但对进入路口的非机动车要进行左转弯限制，如街道宽度不大，则禁止非机动车驶入。而当非机动车逆向行驶时，两个方向应严格隔离，并在交叉路口用信号灯、渠化设施控制非机动车左转弯。

（5）主要路口的管理。实施单向交通时，交通流特性将会发生变化，有的路口交通流可能增加，对此应加强管理控制和指挥疏导。

（6）道路障碍与行车秩序管理。按各行其道的原则进行管理。对于多车道的单向交通，应划好交通标线，按车种或车速分道行驶。对于占用道路的情况应加强流动执勤进行处理，以保证单向行驶的畅通。

单向交通固然好，但每个城市都有自己独特的道路条件。一个城市的道路是否适合实施单行，还要看当地的路网密度和道路的通达性是否适合单向交通的条件。如果不切实际地进行单向交通组织，其结果只能适得其反。

此外，还要注意的是，单向交通的实行对较大范围内的单位和居民都有直接影响。由于各路口流量、流向发生变化，驾驶人可能不了解或不习惯单向交通的特点，所以在实施单向交通之初，一方面要加强宣传教育，并加派交警现场指挥与管理；另一方面对于逆向行驶、闯红灯等违反交通安全的行为必须严肃认真处理。

二、变向交通

变向交通，也称可变车道，是指在不同的时间内变换某些车道上行车方向或行车种类的交通。变向交通又称潮汐交通。变向交通按其作用可分为以下两类。

1. 方向性变向交通。方向性变向交通，又称潮汐车道，是指在不同的时间内变换某些车道上行车方向的交通。这类变向交通可以使车流量方向分布不均匀现象得到缓解，从而提高道路的利用率。

方向性变向交通的实施条件：一是道路上机动车车道数为双向 3 车道以上；二是交通流量重交通方向分布系数大于 2/3；三是重交通方向在使用变向车道后，通行需求得到满足；轻交通方向在去掉变向车道后，剩余的通行能力应能满足交通流量的需求。

2. 非方向性变向交通。非方向性变向交通，又称可变车道，是指在不同的时间内变换某些车道上行车种类的交通。它可以分为车辆和行人、机动车与非机动车之间相互变换使用的变向车道。

非方向性变向交通对缓和各类型的交通在时间分布上不均衡性的矛盾有较好的效果。例如，在早晨自行车高峰时间，变换机动车外侧车道为自行车道，到了机动车高峰时间，则变换非机动车道为机动车道。另外，在中心商业区变换车行道为人行道及设置定时步行街等，这些都是非方向性的变向交通。

非方向性变向交通的实施条件：一是非机动车借用机动车道，仅适用于一块板、两块板的道路，借用后机动车剩余车道的通行能力应能满足机动车交通量的需求；二是机动车借用非机动车道后，剩余车道应能保证非机动车通行的安全；三是行人借用车行道适用于中心商业区，除定时步行街外，要对机动车流进行分流疏导和控制。

变向交通的优点是合理使用道路，充分提高道路的利用率，提高了道路的通行能力，这对解决交通流方向和各种类型的交通在时间分布上不均匀性的矛盾都有较好的效果。例如，在下班时间，通往城内的方向出现自行车交通高峰，其交通流的状况则与上班时间相反，这样可采取与此相对应的变向交通。有的入城道路也可根据交通流的时间性和方向性，设置可变车道，通过增加和减少机动车道数，使道路适应交通流变化的需要。同样，城市中的集会和大型文化、体育等活动，由于交通流的时间和方向变化十分明显，也可以采取临时借用车道的办法改变车道的方向和功能，进行交通流的控制和调节。

变向交通的缺点是增加了交通管制的工作量和相应设施，且要求驾驶人有较好的素质，集中注意力，特别是在过渡地段。

在采取这一分离措施时，应通过一定的方法告知交通参与者，如在可变车道的前方设置醒目的标志，或用交通诱导设施等告知交通参与者，以免发生交通混乱。

三、交通限制

1. 车种性通行限制。车种性通行限制，是指为了减少特定区域的交通负荷（如市中心），在规定的时间内，限制某些车辆在一些道路及相关区域内通行。在实施时，可根据交通状况和所实施措施的内容，具体规定限制通行权的车辆种类、行驶区域和时间。车种性通行限制包括车辆种类限制和行驶区域限制。

（1）车辆种类限制。通常限制通行权的车辆有载客人数少的车辆、单位使用的客运车辆、货运机动车、过境车辆和特殊用途车辆等，如大城市对摩托车的限制。

（2）行驶区域限制。市中心、居民住宅区、商业区、娱乐场所、重大集会场所、游行路线及其附近的街道、道路施工、事故多发地点等特殊路段属于行驶区域限制的范围，如限制外地车辆白天进入市区，限制货运车辆进入全市交通干道等。

2. 交叉路口转弯限制。交叉路口转弯限制，包括禁止左转、禁止右转和同时禁止左右转。该项措施主要用于以下情况：

（1）交叉路口内左转弯车流对直行车流的干扰较大并且左转弯流量不大时，或左转弯流量较大，但可通过绕行来完成左转弯时，都可禁止左转弯。

（2）当右转弯车流与同向直行的自行车流及过街的行人冲突较严重时，可在绿灯期间禁止右转，改在红灯期间完成右转。

（3）交叉路口的某条入口道为单向通行道路，则需禁止包括左、右转弯在内的所有车流逆向驶入该条道路。

禁止转弯可以是全天连续有效的，也可以只在一天的若干小时内有效，这要视具体情况而定。后者对驾驶人的限制以及带来的不便较小，而前者有利于驾驶人养成遵守交通管制规定的习惯。

在一个交叉路口禁止转弯，只是简化了本路口的车流冲突，将问题转移到了其他地方，同时也会增加行驶距离。因此，在选用时，应全面分析，权衡利弊，尽可能不给车辆造成太大的不便。

3. 专用车道。规划专用车道（或专用道路系统）是缓解城市交通问题的途径之一。专用车道包括公共车辆专用道和专用街以及自行车专用道。

（1）公共车辆专用道和专用街。公共车辆，是指公共汽车、电车、轻型有轨车辆、地铁列车及城市铁路列车等。此外，出租小汽车也属于公共车辆。

在多车道的道路上，可施划出一条车道作为公共汽车专用车道，在专用车道内禁止其他车辆行驶。这样可以提高公共汽车的运行速度，缩短出行时间，避免公共车辆与其他车辆的相互干扰。在单向通行的多车道道路上，若车道宽裕时，可施划出一条靠边车道，专供对向公共车辆行驶，即公共车辆可双向通行。

公共车辆专用街，是指只允许公共车辆和行人通行的街道。对于较宽的街道，也可允许自行车通行。在道路狭窄的街道，当乘车人较多时，可将这些街道辟为公共车辆专用街，作为公共汽车、电车的专用街。城市的中心商业区或只有两条车道但又必须通行公共车辆的窄街道，特别适宜设置为公共车辆专用街。

公共车辆专用车道设置的条件：一是道路单向有 2 条以上的机动车道；二是公共车辆流量大于 100 辆/时；三是专用车道的设置不致严重影响道路的通行能力。

（2）非机动车专用道。可在非机动车交通的高峰期，将某些非机动车和公共交通流量大的路段开辟为仅供公共车辆和非机动车通行的专用道路，还可将某些狭窄的街巷开辟为非机动车专用道。

第四节　大型活动交通组织

大型活动，是指由众多人员和车辆参与，占用一定道路和停车场地，涉及公共秩序和公共安全的活动。例如，重大节日的群众性庆祝或纪念活动、重要会议、大型体育比赛，大型展览和演出活动等。这些活动对交通保障要求高，确保活动期间交通的安全、有序和畅通，是公安机关交通管理部门的一项重要职责，同时也是一项专门任务。

在大型活动中，公安机关交通管理部门的主要任务有：保证参与活动的车辆和人员顺利集结和疏散，防止因发生交通阻塞或秩序混乱而引发事故；确保参与活动的首长、外宾及群众的行车安全，从而保证活动的顺利进行。由于每次活动的性质、规模、形式、地点、参加人员等都不相同，对交通组织的具体要求也不一样，因此，要求公安机关交通管理部门对每一次活动都要精心组织、周密部署。大型活动的交通组织一般可按下列程序进行。

一、道路交通现状分析

大型活动一般属于临时性活动，活动地点、参加人员、活动形式及规模都不相同。因此，在活动之前，公安机关交通管理部门应对活动地点周围的交通状况展开调查、分析。首先，要弄清楚活动场所的名称、位置、规模、组织结构、人员等情况。其次，要对活动场地附近的交通环境进行调查，掌握道路通过情况、桥梁、涵洞、交叉路口、交通设施等基本情况，了解活动地点周围的道路走向和通行能力，车辆及行人流量、高低峰的交通特点和规律，易发生交通事故路段的位置，周围停车场的容量和分布，大型建筑和商场的分布以及季节、气候变化对道路影响等情况。其目的就是根据调查的数据，掌握活动地点附近的各种交通现象的发生规律，为道路交通组织方案的制定提供依据。

二、道路交通组织方案制定

大型活动的交通特点是人流或车流分散来、集中走或集中来、分散走，散场时的交通疏散最容易出现问题。针对这一特点，道路交通组织方案的内容主要有：

1. 制定方案的背景及情况分析。主要是任务的来源、活动时间、活动方式、对活动在交通管理方面的要求等。

2. 任务范围、工作要求和指导思想。大型活动形式不同，对道路交通组织的要求也不同。因此，应根据每次大型活动的具体形式确定工作范围，明确工作要求和指导思想。

3. 组织领导体制、领导原则和各部门的分工。根据活动的性质和规模，成立由相当一级的领导任组长，有关部门的负责人组成的临时领导机构，负责整个活动的领导和组织协调工作。同时，大型活动涉及的单位较多，应明确参加活动的有关部门的职责和分工。

4. 对活动场所及附近路段具体的交通组织措施。这部分是道路交通组织方案的重点，主要应注意如下几点：

（1）因时、因地制宜地实行交通管制。对于大型活动场地，应提前进行清场控制。对需要进行限制的区域和道路，提前通告社会，并设立相应的交通管制标志。对控制区域内的社会车辆，需在活动期间临时进出的，通告其办理临时通行证，只能进出控制区，不得在控制区域内的停车场及活动场所停车。同时，应注意交通管制对群众的正常生活影响较大，因此管制时间不宜太长。对持续时间较长的活动，应精确计算，分时、分段地实施管制，尽可能缩小管制范围和时间。

（2）合理安排原来在活动线路上行驶的车辆。有些大型活动（如阅兵式和马拉松长跑等）要占用道路，原来在道路上行驶的车辆就必须停驶、绕行，必须提前做好方案并提前通告社会。若占用道路时间太长，可精确计算在活动队伍到达前的 5 至 10 分钟，适时分段封闭活动所占用的道路，队伍通过后及时解除封闭，尽量减少对社会交通的影响。另外，要加强对外围车辆的调度，方便群众通行，并保证在活动结束时有足够的运力及时疏散参加活动的群众。

（3）安排、控制活动用车及参加活动人员的行驶路线、集结地点。大型活动参加人员众多，因此应事先安排好人员和车辆的进场和退场路线，明确参加活动人员的集结地点，必要时活动区域内的居民、单位可提前放假，以避免与活动发生冲突。活动区域内禁止与活动无关的车辆通行。按要求活动场所应设置保护区、控制区和缓冲区。保护区内除特勤车辆准许进入外，其余车辆一律不准进入；在控制区内持有通行证的车辆准许进出，无通行证的车辆只许出不许进，直至活动结束才能进入；缓冲区内劝阻无通行证的车辆绕行，避免其堵住有通行证的车辆。对参加活动的有关车辆要严格规定行驶路线和停放场地，保证活动地点的交通秩序。

（4）停车场地的安排。大型活动往往是车辆的集散地，如果没有足够的停车位，必然会导致交通混乱，影响活动的正常开展，且容易导致意外事故的发生。由于散场时间相对集中，人流、车流同时朝外涌，因此在交通处理时应实行空间上相对分散的方法，即停车场设置不要过于集中，应在活动区的外围设置不同方向的停车场，按回程方向沿道路两侧排开，尽量避免车辆掉头，以便于活动车辆在最短时间内驶离现场。

（5）确保首长和来宾车辆的行驶畅通和停车安全。对参加活动的首长和来宾，要保证其车辆行驶线路的畅通，准时到达现场。同时，也应安排好停车场，加强控制，以保证停车安全，进出方便。

（6）对于足球比赛，要防止散场后球迷闹事。散场时要先将球员转移走，避免球迷围攻球员；对于庆典活动、阅兵式、游行彩车和武器装备的集结应避免社会车辆出行高峰，避免围观造成阻塞。

5. 警力部署、岗位配置。根据活动规模、参加活动的人数以及活动场所的具体情况，确定该次活动所需警力，并根据活动场所的交通状况及活动要求确定执勤岗位和每个岗位的执勤人数，明确每个民警的职责。

6. 各警种间的相互协同。为了防止意外情况的发生，要制定一个切实可行的各警种协同方案。例如，出现骚乱时各警种应如何分工控制和疏散人群，如何使警力快速到达并进入现场，如何使群众快速撤离现场等。

三、大型活动交通组织的准备

1. 加强领导，成立专门的领导机构。大型活动的交通组织是一项非常复杂的工作，组织工作的好坏，直接关系到人民群众的安危和社会的稳定。一个高效、团结、富有经验的领导班子是大型活动顺利完成的根本保证。领导机构应由相关部门的负责人组成，以便对参加活动的有关单位进行协调和组织。

2. 加强民警的思想政治工作。这是完成大型活动的重要保证，要让每一个执勤民警了解整个活动的基本情况，包括活动的性质、规模、日程安排、具体时间、参加人员、车辆数，以及整个大型活动在道路交通组织方面要达到的目的，明确每一个民警的工作岗位和职责。

3. 模拟演习，完善方案。模拟演习应在尽可能真实的环境下进行，可多次演练。有条件的还可以利用计算机对大型活动的交流进行仿真模拟，以检验交通组织方案的完整性和协调性，发现问题后对方案进行及时修正完善。通过演习，使每一个民警熟悉岗位环境，了解工作安排。

4. 物资保障。主要包括巡逻车、武器、警械、防护装备、移动通信设备、现场勘查设备、抢险救护装备、清障设备、各种作业标志等装备的准备工作。

四、大型活动交通组织的实施与效果评价

1. 大型活动交通组织的实施。大型活动交通组织的实施，是交通组织准备工作转入实战的标志，是完成整个大型活动交通组织的关键一环。在这个阶段，大型活动交通组织的领导机构将起着决定性的作用。它必须随时了解活动进展情况，对于多变的交通情况能迅速作出反应；它必须检查方案的落实情况，及时掌握变化，协调各方面的关系，对突发事件给予及时、果断的处理，同时对民警提出的问题及时答复。而对执勤的每一个民警来说，要用积极、认真、负责的态度，按照交通组织方案中的要求完成本职工作，遇到紧急情况要及时报告。

2. 大型活动交通组织的效果评价。大型活动交通组织效果评价的目的就是

为了分析大型活动交通组织的现状，检验大型活动交通组织的管理水平，从中发现问题，以便有针对性地提出改进方案，为今后的大型活动积累经验，提高大型活动交通组织的组织和管理水平。

大型活动交通组织的评价主要从定性和定量两个方面进行。定性评价，主要是指对该次大型活动的计划完成情况、交通组织方案的实施效果、民警的表现等作出评价。定量评价，就是指对事先设定的评价指标打分，它有利于作出科学、准确、合理的评价。指标的设定要既能客观地评价大型活动的组织、管理状况，又能与不同时间、不同地点所举办的类似活动相比较，因此指标要具有可比性。此外，指标的设定还要有可操作性。总之，在指标的运用上，要根据不同的评价目的，选取不同的指标。

第五章　问题探究

本章汇总了交通警察在日常执勤管理过程中所遇到的各类道路交通组织的问题，具有典型性。通过本章的学习，使交通管理者更加熟练掌握在道路交通组织过程中遇到这些问题时，应该如何应对，应该采取何种组织方法。在这里我们介绍一些交通警察日常工作中的做法供大家参考。

1. 路口放直行时，遇左转的非机动车较多怎么办？

建议：可以考虑增设一组非机动车专用左转信号灯，配时 20 秒左右。此举可以让遇红灯而滞留在路口的非机动车先走掉一部分，从而减少冲突点。

2. 路口右转机动车与直行或左转的非机动车有冲突怎么办？

建议：可以考虑增设一组右转机动车信号灯或者在较大路口漆划非机动车左转待行区。若上述两项均无法采用，可考虑后移右转机动车道停止线或前移非机动车道停止线。

3. 在待优化路段中存在公交线路时，一般的调整策略有哪些？

建议：若有过路口左转的公交线路可考虑将其公交站点设置在下游出口车道内。若直行的公交线路较多，可考虑设置公交专用车道。同时，一个公交候车点原则上不应停靠超过 5 条线路。在有条件的情况下，可考虑设置港湾式公交车站。

4. 路口左转、掉头的大型车辆较多，但路口宽度不够，应当如何调整？

建议：可以考虑重新调整划分车行道。将左转及掉头车道调整至靠右侧，加大转弯半径。同时，配合专用左转和掉头信号灯一起使用。

5. 路段中有通道等过街设施，但车流较多、较快，有一定的事故隐患，应当如何调整？

建议：在有条件的情况下，可设置信号灯。若不符合设置信号灯规范的，可以考虑设置太阳能黄闪示警灯。同时，可以配合特殊形态的地面标线或标识来起到降低车速的效果。

6. 路口左转车辆较多，排队较长，影响直行车辆通行，应当如何调整？

建议：若直行车流较少，可以考虑减少一条直行车道，并增加一条左转车道。若路口对向车道有余，可以考虑借用一条对向车道来增加一条左转车道。同时，调整路口信号灯配时，尽可能加大左转绿行比。

7. 路段中车行道相对较窄，机动车与非机动车车流冲突点较多，有事故隐患，应当如何调整？

建议：可以考虑在机非隔离线上设置物理隔离栏，用以区分不同交通方式的车流；若人行道较宽，也可考虑在人行道上设置“人非共板”式交通方式。

8. 路口直行车辆较多，左转车辆较少，应当如何调整？

建议：可以考虑在该路口设置禁止“左转和掉头”的禁令标志，尽可能加大该路口直行车辆通行效率，需左转或掉头的车辆可提前或延后一个路口绕行。

附录 1　道路交通标志

一、禁令标志

禁令标志，是指禁止或限制车辆、行人交通行为的标志。颜色除个别标志外，为白底，红圈，红杠，黑图形。图形压杠，其形状为圆形，但“停车让行标志”为八角形、“减速让行标志”为顶角向下的倒等边三角形。

减速让行标志：表示车辆应减速让行，告示车辆驾驶人必须慢行或停车，观察干路行车情况，在确保干道车辆优先的前提下，认为安全时方可续行。此标志设在视线良好交叉道路的次要路口。

停车让行标志：表示车辆必须在停止线以外停车瞭望，确认安全后，才准许通行。

会车让行标志：表示车辆会车时，必须停车让对方车先行。设置在会车有困难的狭窄路段的一端，或由于某种原因只能开放一条车道作双向通行路段的一端。

禁止通行标志：表示禁止一切车辆和行人通行。此标志设在禁止通行的道路入口处。

禁止驶入标志：表示禁止车辆驶入。此标志设在禁止驶入的路段入口处。

禁止机动车驶入标志：表示禁止各类机动车驶入。对时间或者某一类机动车有禁止规定的，应用辅助标志说明。

禁止电动三轮车驶入标志：表示禁止电动三轮车驶入。此标志设在禁止电动三轮车驶入的路段入口处。

禁止载货汽车驶入标志：表示禁止载货汽车驶入。此标志设在载货机动车通行的路段入口处。对驶入的载货汽车有载重重量限制或者其他限制时，应用辅助标志说明。

禁止大型（或小型）客车驶入标志：表示禁止大型（或小型）客车驶入。此标志设在禁止大型（或小型）客车通行的路段入口处。注：小型客车含11座以下面包车，7座以下商务车及小轿车。

禁止挂车、半挂车驶入标志：表示禁止挂车、半挂车驶入。此标志设在禁止挂车、半挂车驶入的路段入口处。

禁止拖拉机驶入标志：表示禁止各类拖拉机驶入。此标志设在禁止各类拖拉机驶入的路段入口处。

禁止三轮货车、低速货车驶入标志：表示禁止三轮货车、低速货车驶入。此标志设在禁止三轮货车、低速货车驶入的路段入口处。

禁止摩托车驶入标志：表示禁止摩托车通行。此标志设在禁止摩托车通行的路段入口处。

禁止某两种车辆驶入标志：表示禁止标志上所示的两种车辆驶入。此标志设在禁止某两种车驶入的路段入口处。此标志版面上不应多于两种车辆图形。

禁止非机动车进入标志：表示禁止非机动车驶入。此标志设在禁止非机动车进入的路段入口处。

禁止畜力车进入标志：表示禁止畜力车进入。此标志设在禁止畜力车进入的路段入口处。

禁止人力（客、货）三轮车进入标志：表示禁止人力（客、货）三轮车进入。此标志设在禁止人力（客、货）三轮车进入的路段入口处。

禁止人力车进入标志：表示禁止人力车进入。此标志设在禁止人力车进入的路段入口处。

禁止行人进入标志：表示禁止行人进入。此标志设在禁止行人进入的地方。

禁止向左转弯标志：表示前方路口禁止一切车辆向左转弯。此标志设在禁止向左转弯的路口前适当位置。

禁止直行标志：表示前方路口禁止一切车辆直行。此标志设在禁止直行的路口前适当位置。

禁止向左向右转弯标志：表示前方路口禁止一切车辆向左向右转弯。此标志设在禁止向左向右转弯的路口前适当位置。

禁止直行和向左转弯（或直行和向右转弯）标志：表示前方路口禁止一切车辆直行和向左转弯（或直行和向右转弯）。此标志设在禁止直行和向左转弯（或直行和向右转弯）的路口前适当位置。

禁止掉头标志：表示禁止机动车掉头。设在禁止机动车掉头路段的起点和路口前适当的位置。

禁止超车标志：表示该标志至前方解除禁止超车标志的路段内，不准机动车超车。此标志设在禁止超车的起点。已设有道路中心实线和车道实线的可不设此标志。

解除禁止超车标志：表示禁止超车路段结束。此标志设在禁止超车的终点。

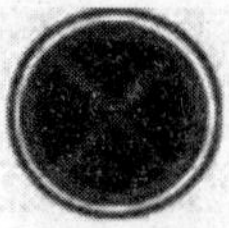

禁止停车标志：表示在限定的范围内，禁止一切车辆临时停放。此标志设在禁止车辆停放的地方。禁止车辆停放的时间、车种和范围可用辅助标志说明。

禁止长时停车标志：表示禁止车辆长时停放，临时停放不受限制。禁止车辆停放的时间、车种和范围可用辅助标志说明。

禁止鸣喇叭标志：表示禁止鸣喇叭。此标志设在需要禁止鸣喇叭的地方。禁止鸣喇叭的时间和范围可用辅助标志说明。

限制宽度标志：表示禁止装载宽度超过标志所示数值的车辆通行。此标志设在最大允许宽度受限制的地方。以图为例：装载宽度不得超过 3 米。

限制高度标志：表示禁止装载高度超过标志所示数值的车辆通行。此标志设在最大允许高度受限制的地方。以图为例：装载高度不得超过 3. 5 米。

限制质量标志：表示禁止总质量超过标志所示数值的车辆通行。此标志设在需要限制车辆质量的桥梁两端。以图为例：装载总质量不得超过 10t。

限制轴重标志：表示禁止轴重超过标志所示数值的车辆通行。此标志设在需要限制车辆轴重的桥梁两端。以图为例：限制车辆轴重量不得超过 7t。

限制速度标志：表示该标志至前方限制速度标志的路段内，机动车行驶速度不得超过标志所示数值。此标志设在需要限制车辆速度的路段的起点。以图为例：限制行驶时速不得超过 40 公里。

解除限制速度标志：表示限制速度路段结束。此标志设在限制车辆速度路段的终点。

停车检查标志：表示机动车必须停车接受检查。此标志设在关卡将近处，以便要求车辆接受检查或缴费等。标志中可加注说明检查事项。

禁止运输危险物品车辆驶入标志：表示禁止运输危险物品车辆驶入。设在禁止运输危险物品车辆驶入路段的入口处。

海关标志：表示道路前方是海关，所有机动车应停车后方可通过。设在道路上机动车需停车接受海关检查方可通过的地方。

二、指示标志

指示标志，是指指示车辆、行人应遵循的标志。颜色除个别标志外，为蓝底、白图形。其形状为圆形、长方形和正方形。

直行标志：表示一切车辆只准直行。此标志设在直行的路口前适当位置。

向左（或向右）转弯标志：表示一切车辆只准向左（或向右）转弯。此标志设在车辆必须向左（或向右）转弯的路口前适当位置。

直行和向左转弯（或直行和向右转弯）标志：表示一切车辆只准直行和向左转弯（或直行和向右转弯）。此标志设在车辆必须直行和向左转弯（或直行和向右转弯）的路口前适当位置。

向左和向右转弯标志：表示一切车辆只准向左和向右转弯。此标志设在车辆必须向左和向右转弯的路口前适当位置。

靠右侧（或靠左侧）道路行驶标志：表示一切车辆只准靠右侧（或靠左侧）道路行驶。此标志设在车辆必须靠右侧（或靠左侧）行驶的路口前适当位置。

立交交叉路线行驶标志：表示车辆在立交交叉处可以直行和按图示路线左转弯（或右转弯）行驶。此标志设在立交左转弯（或右转弯）出口处适当位置。

环岛行驶标志：表示一切车辆只准靠右环行。此标志设在环岛面向路口来车方向适当位置。

单行路标志：表示该道路为单向行驶，已进入车辆应依照标志指示方向行驶。此标志设在单行路的路口和入口处的适当位置。

步行标志：表示该路段只供步行，任何车辆不准进入。此标志设在步行街的两端。

鸣喇叭标志：表示机动车行至该标志处必须鸣喇叭。此标志设在公路的急转弯处、陡坡等视线不良路段的起点。

最低限速标志：表示机动车驶入前方道路之最低时速限制。此标志设在高速公路或其他道路限速路段的起点。

路口优先通行标志：表示交叉路口主要道路上的车辆享有优先通行权利。此标志设在交叉路口主要道路的路口前适当位置。

会车先行标志：表示车辆在会车时享有优先通行权利，与会车让行标志配合使用。

人行横道标志：表示该处为专供行人横穿马路的通道。此标志设在人行横道的两侧。该标志与人行横道线配合使用。

车道行驶方向标志：表示车道的行驶方向。此标志设在导向车道前的适当位置。

公交线路专用车道标志：表示该车道专供本线路行驶的公交车辆行驶。此标志设在进入该车道的起点及各交叉路口入口处前适当位置。

机动车行驶与车道标志。

非机动车行驶与车道标志。

快速公交系统（BRT）专用车道标志：表示该车道专供BRT 车辆行驶。

多乘员车辆（HOV）专用车道标志：表示该车道只供多乘员车辆行驶。

停车位标志。

允许掉头标志：表示该处允许机动车掉头。此标志设在允许机动车掉头的地点。

三、警告标志

警告标志，是指警告车辆、行人注意道路交通的标志。其形状为正等边三角形或矩形，三角形的顶角朝上。颜色为黄底、黑边、黑图案。其中，“注意信号灯”标志的图形为红、黄、绿、黑四色，“叉形符号”“斜杠符号”为白底红图形。

交叉路口标志：用以警告车辆驾驶人谨慎慢行，注意其他方向来车，设在平面交叉路口驶入路段的适当位置。

急转弯标志：用以警告车辆驾驶人减速慢行。此标志设在车速小于 60km/h 的道路上，设置位置为曲线起点的外面。

反向转弯标志：用以警告车辆驾驶人减速慢行。此标志设在两个相邻的方向相反的弯路前适当位置。

连续弯路标志：用以警告车辆驾驶人减速慢行。此标志设在有连续3个或3个以上弯路的道路前适当位置。

陡坡标志：用以提醒车辆驾驶人小心驾驶。

连续下坡标志：用以提醒车辆驾驶人小心驾驶。

窄路标志：用以警告车辆驾驶人注意前方车行道或路面狭窄情况，遇有来车应当减速避让。此标志设在双车道路面宽度缩减为6m以下的路段起始前方。

窄桥标志：用以警告车辆驾驶人注意前方桥面宽度变窄，应谨慎驾驶。此标志设在桥面净宽较两端路面宽度变窄，且桥的净宽小于6m的桥梁前适当位置。

双向交通标志：用以提醒车辆驾驶人注意会车。

注意行人、儿童、牲畜、野生动物标志：用以提醒驾驶人减速慢行。

注意信号灯标志：用以警告车辆驾驶人注意前方路段设有交通信号灯，应依信号灯指示行车。此标志设在不易发现前方位信号灯控制的路口前适当位置。

注意落石标志：用以提醒驾驶人注意落石。此标志设在有落石危险的傍山路段前适当位置。

注意横风标志：用以提醒车辆驾驶人小心驾驶。此标志设在经常有很强的侧风并有必要引起注意的路段前适当位置。

易滑标志：用以提醒车辆驾驶人注意慢行。此标志设在路滑且容易发生交通事故路段前适当位置。

傍山险路标志：用以提醒车辆驾驶人小心驾驶。此标志设在山区地势险要路段（道路外侧位陡壁、悬崖危险的路段）前适当位置。

堤坝路标志：用以提醒车辆驾驶人小心驾驶。此标志设在沿水库、湖泊、河流等堤坝路前适当位置。

村庄标志：用以提醒车辆驾驶人小心驾驶。此标志设在不易发现前方有村庄或小城镇的路段前适当位置。

隧道标志：用以提醒车辆驾驶人注意慢行。此标志设在进入隧道前的适当位置。

渡口标志：用以提醒车辆驾驶人谨慎驾驶。此标志设在汽车渡口前适当位置。

驼峰桥标志：用以提醒车辆驾驶人谨慎驾驶。此标志设在前方是拱度较大，不易发现对方来车，应靠右侧行驶并应减速慢行路段前适当位置。

路面不平标志：用以提醒车辆驾驶人减速慢行。此标志设在路面不平的路段前适当位置。

过水路面标志：用以提醒车辆驾驶人谨慎慢行。此标志设在过水路面或漫水桥路段前适当位置。

有人看守铁路道口：用以提醒车辆驾驶人谨慎慢行或及时停车。此标志设在不易发现的道口前适当位置。

无人看守铁路道口：用以提醒车辆驾驶人谨慎慢行或及时停车。此标志设在不易发现的道口前适当位置。

叉形符号：多股铁路与道路相交，应设置。

斜杠符号：表示距无人看守铁路道口的距离为50m、100m、150m。

注意非机动车标志：用以提醒车辆驾驶人注意慢行。此标志设在混合行驶的道路并经常有非机动车横穿、出入的地点前适当位置。

事故易发路段标志：用以告示车辆驾驶人前方道路为事故易发路段，谨慎驾驶。此标志设在交通事故易发路段前适当位置。

慢行标志：用以提醒车辆驾驶人减速慢行。此标志设在前方需要减速慢行的路段前适当位置。

注意障碍物标志：用以告示车辆驾驶人前方道路有障碍物，车辆应按标志指示减速慢行。

注意危险标志：用以提醒车辆驾驶人谨慎驾驶。此标志设在以上标志不能包括在其他危险路段前适当位置。一般不单独使用，其下应设辅助标志加以说明危险事项。

施工标志：用以告示车辆驾驶人前方道路施工，车辆应减速慢行或绕道行驶。此标志可作为临时标志设在施工路段前适当位置。

图 59　警 39　建议速度

a）出口建议速度　　b）弯道建议速度

建议速度标志：用以提醒车辆驾驶人以建议的速度行驶，设在弯道、出口、匝道的适当位置。此标志一般不单独使用，宜与其他警告标志联合使用。

隧道开车灯标志：用以警告车辆驾驶人进入隧道打开前照灯，小心行驶。此标志设在无照明或照明不足的隧道洞口前适当位置。

注意潮汐车道标志：用以警告车辆驾驶人注意前方为潮汐车道。此标志设在潮汐车道路段起点前适当位置。

注意保持车距标志：用以警告车辆驾驶人注意和前车保持安全距离。设在经常发生车辆追尾事故路段前适当位置。

注意合流标志：用以警告车辆驾驶人注意前方有车辆汇合进来。

注意路面结冰、注意雨雪、注意雾天、注意不利气象条件标志：用以警告车辆驾驶人小心驾驶。

注意前方车辆排队标志：用以警告车辆驾驶人注意前方车辆排队。

附录2　换算系数表

当量小汽车换算系数表

车辆类型	换算系数
自行车	0.2
二轮摩托	0.4
三轮摩托或微型汽车	0.6
小客车或小于3t的货车	1.0
旅行车	1.2
大客车或小于9t的货车	2.0
9~15t货车	3.0
铰接客或大平板拖挂货车	4.0

转弯车辆与直行车辆的换算系数表

行驶类型	换算系数
直行	1.0
左转车（有干扰）	2.5
左转车（无干扰）	1.0
右转车（有干扰）	2.0
右转车（无干扰）	1.0